Pinto y dibujo

creyones

M. Àngels Comella

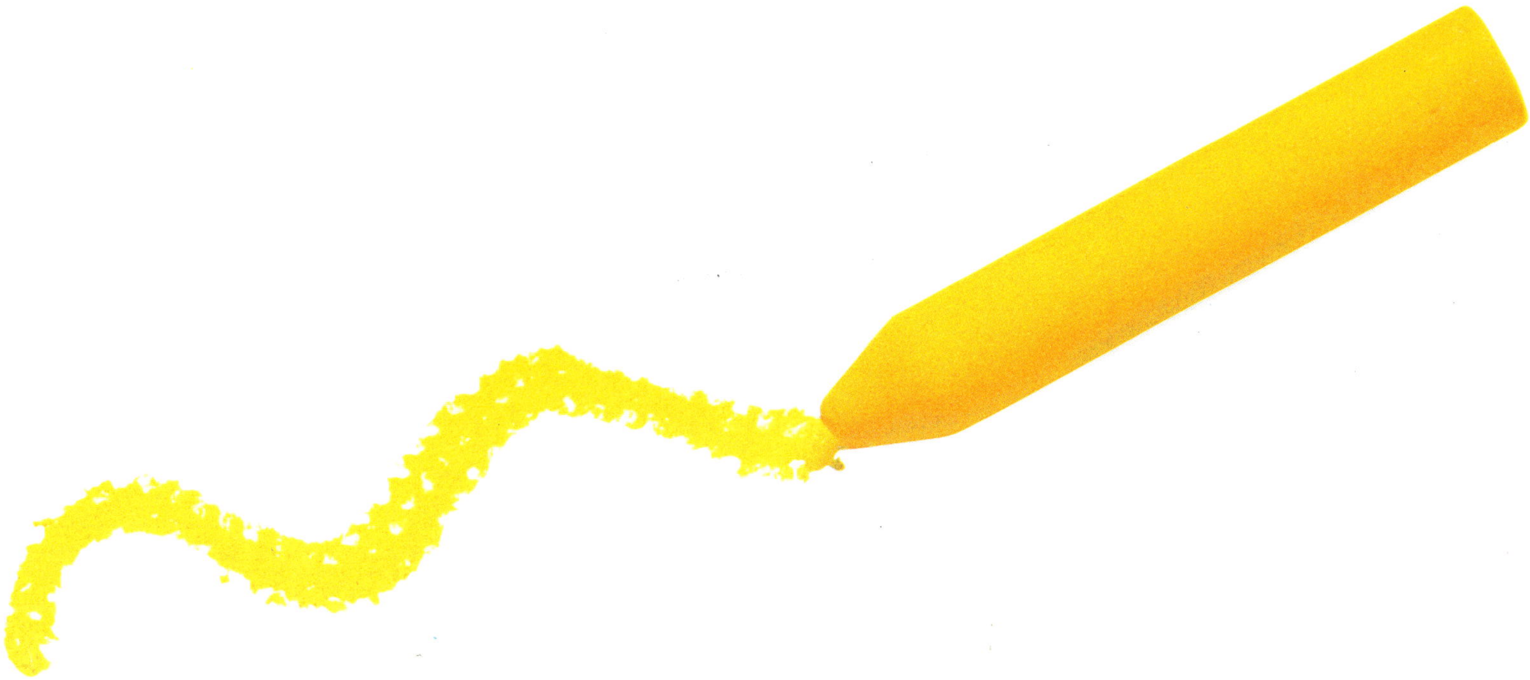

[redacted]

Silver Burdett Press, Parsippany, New Jersey

Para Carla
que siempre
pregunta:
¿Cómo está
hecho esto?

Las palabras señaladas con un asterisco*
se explican en la página 32

"Ceras"

First published in 1998 in the United States by
Silver Burdett Press
A Division of Simon & Schuster
299 Jefferson Road, Parsippany, NJ 07054

Library of Congress Cataloging-in-Publication Data
Comella, M. Àngels.
Creyones/por M. Àngels Comella.
p. cm.
Originally published: Barcelona, Spain: Parramón, 1995.
Summary: Explains how to create unusual effects and textures using
[redacted] literature. 2. Crayons—Juvenile
[redacted] Juvenile literature. [1. Crayon dra-
[redacted] 3. Spanish language materials.]
I. Title. II. Series: Comella, M. Àngels. Pinto y dibujo.

ND870.C66 1997 96-32915
741.2'3—dc20 CIP AC

ISBN 0-382-39855-6 (pbk) 1 2 3 4 5 6 7 8 9 10

Printed and bound in Spain.

CÓMO SE USAN LOS CREYONES

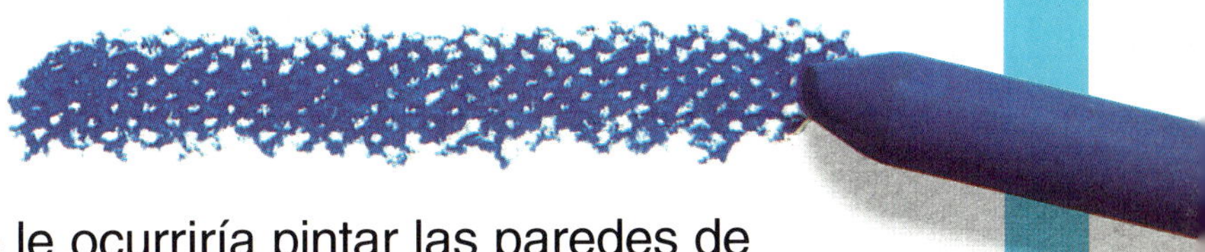

Cada vez que queremos realizar un dibujo, pensamos antes cuál es el material que nos irá mejor. A nadie se le ocurriría pintar las paredes de su casa con lápices de colores, a no ser que quisiera una casa muy especial. Tampoco nadie escribiría una carta con una brocha de pared, pues resultaría muy difícil leerla. Por ello, según lo que queramos hacer, deberemos escoger un material u otro. Los creyones van muy bien para unas cosas, pero no tantas para otras. Hay muchas maneras de usar los creyones. En este libro queremos mostrar algunas formas posibles de trabajarlas. Hemos escogido diez formas de usarlos. Pero, claro, hay muchas más. ¡Muchísimas más! Algunas todavía no las ha probado nadie. Puede que tú seas el primero. Buscar nuevas maneras de dibujar es divertido, es como un juego. Pero todas estas formas no servirán de nada si no están al servicio de una idea.

Muchos artistas se inspiran en cosas, o en personas o lugares que han conocido: O sea, que hay que buscar la forma de explicar aquello que tenemos en la cabeza, que se nos ha ocurrido. Deseamos que este libro sirva para animarte a probar y conocer un poco este material: los creyones.

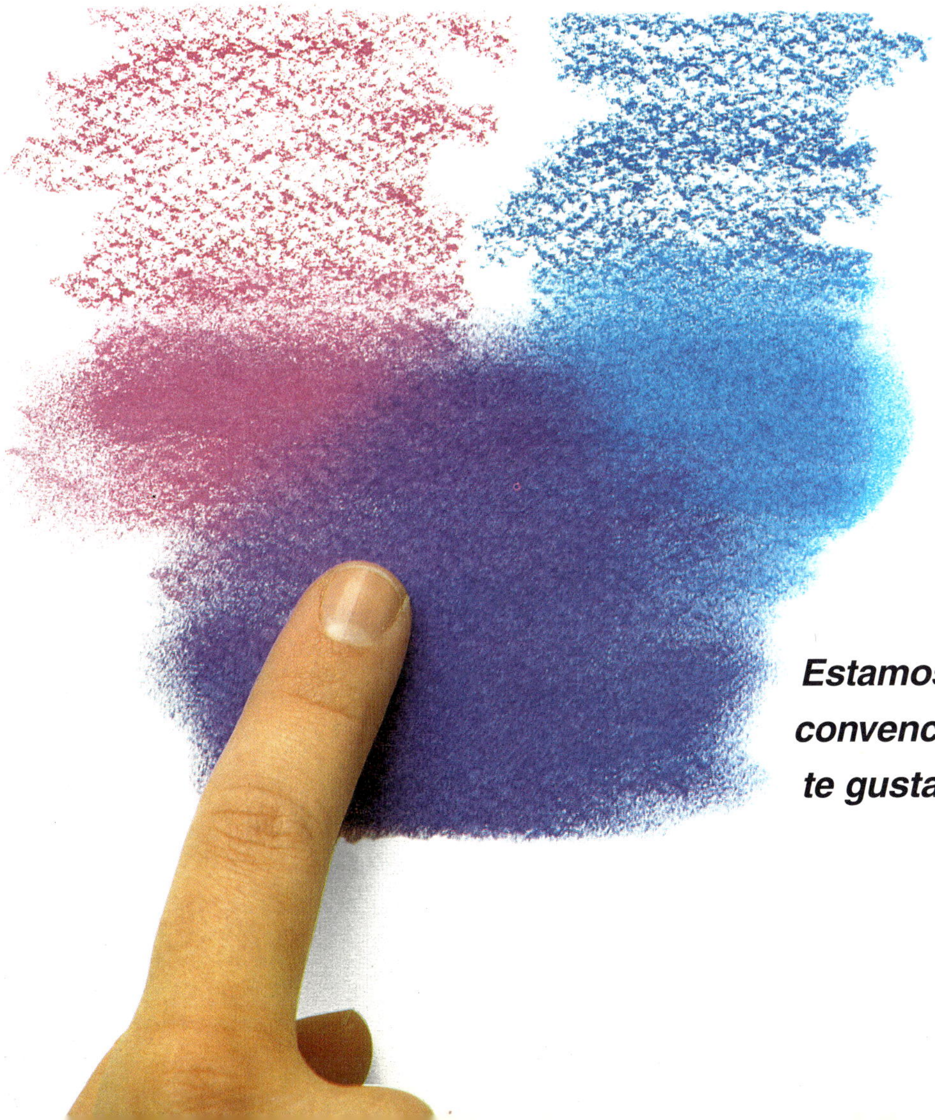

Estamos convencidos de que te gustarán mucho.

CÓMO SON LOS CREYONES

Aquí tenemos una caja de creyones.

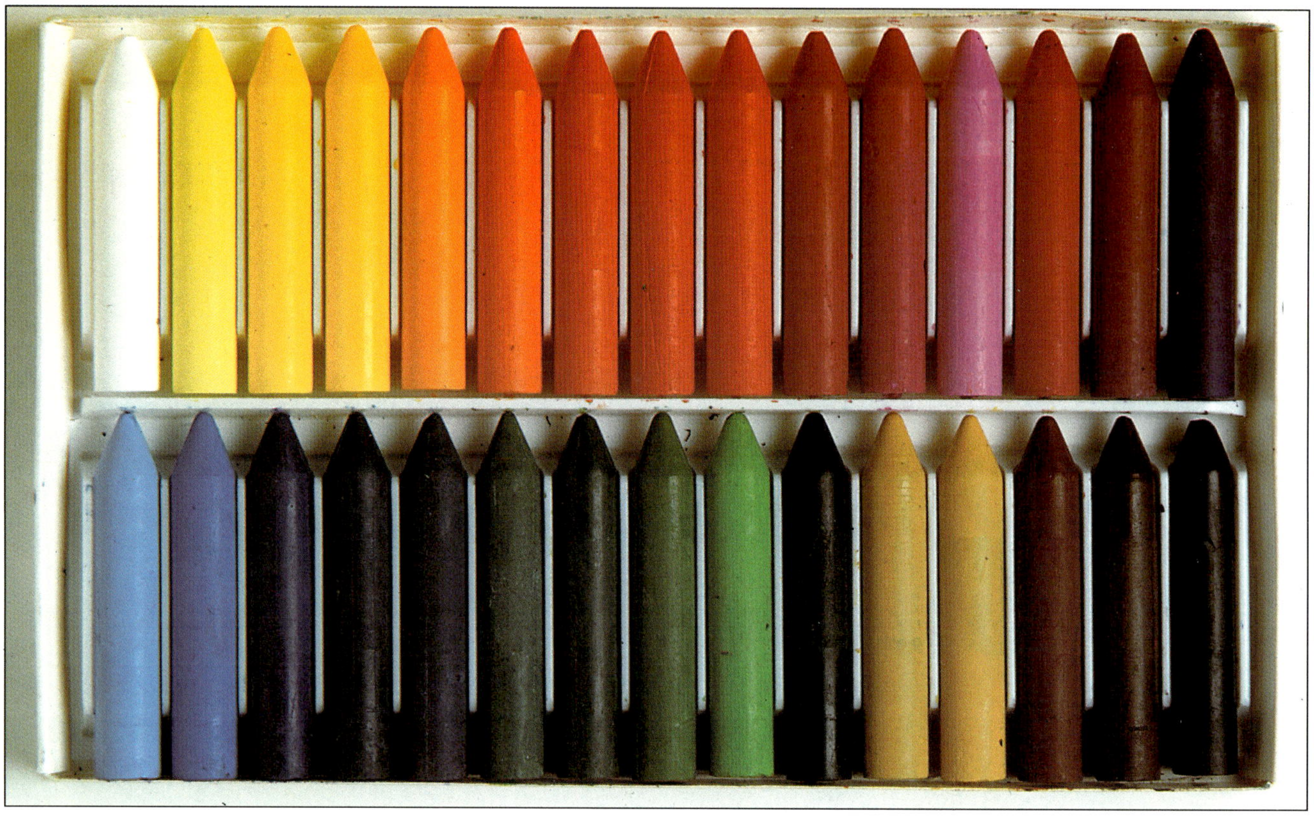

¿Cómo los podemos usar?

- ***Podemos ponerlos de punta y dibujar una línea.***

- ***Apretar fuerte.***

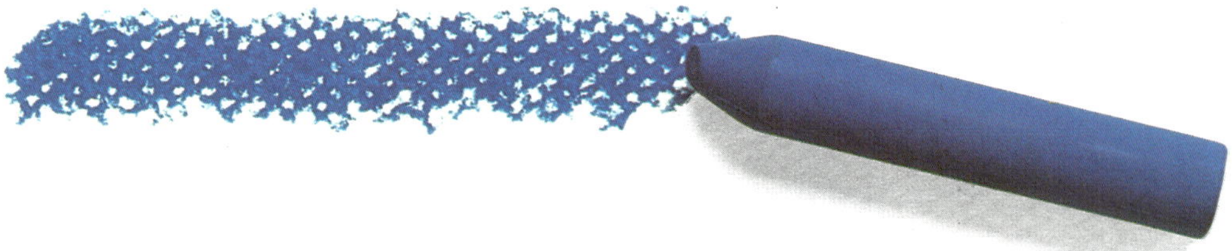

- ***O bien flojo.***

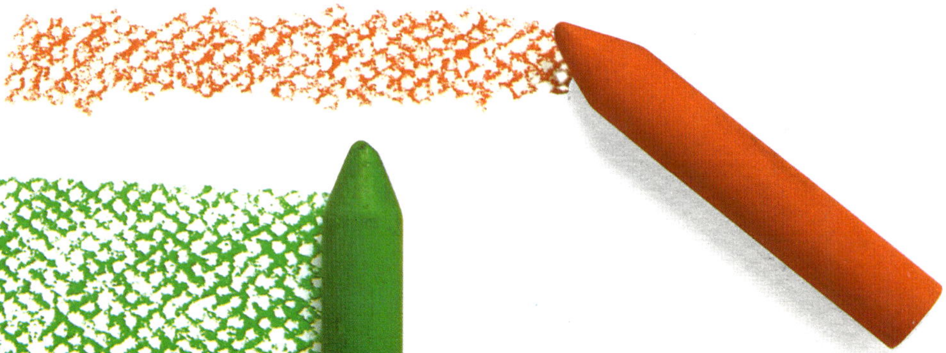

- ***De lado... quitando el papel del creyón.***

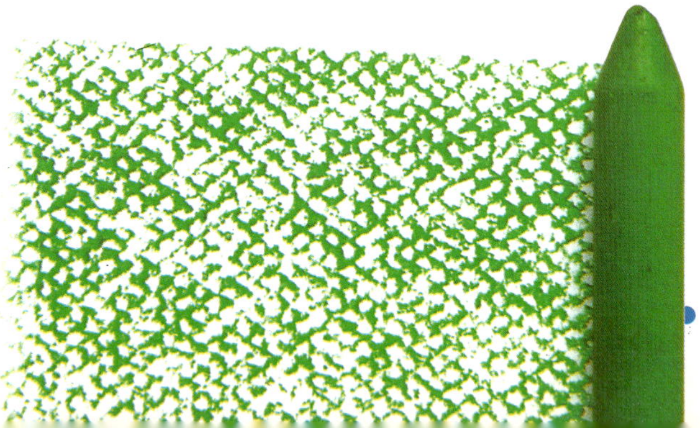

También podemos:

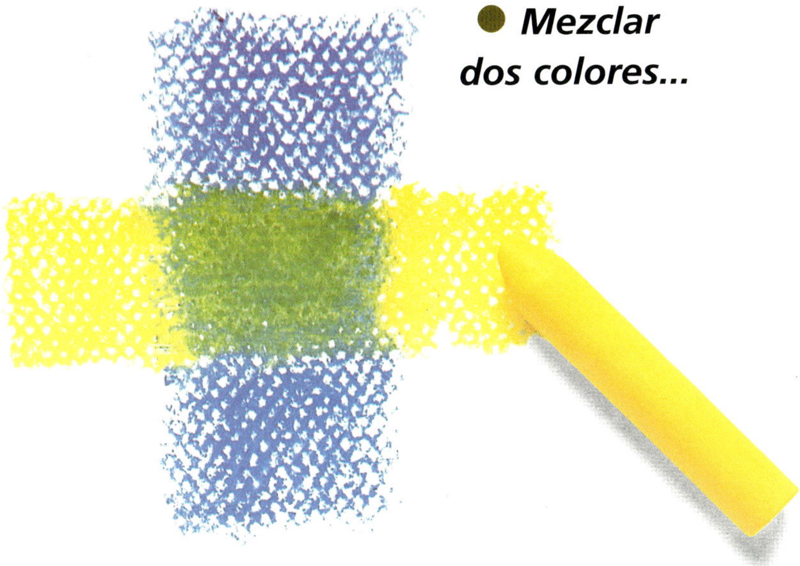

Mezclar dos colores...

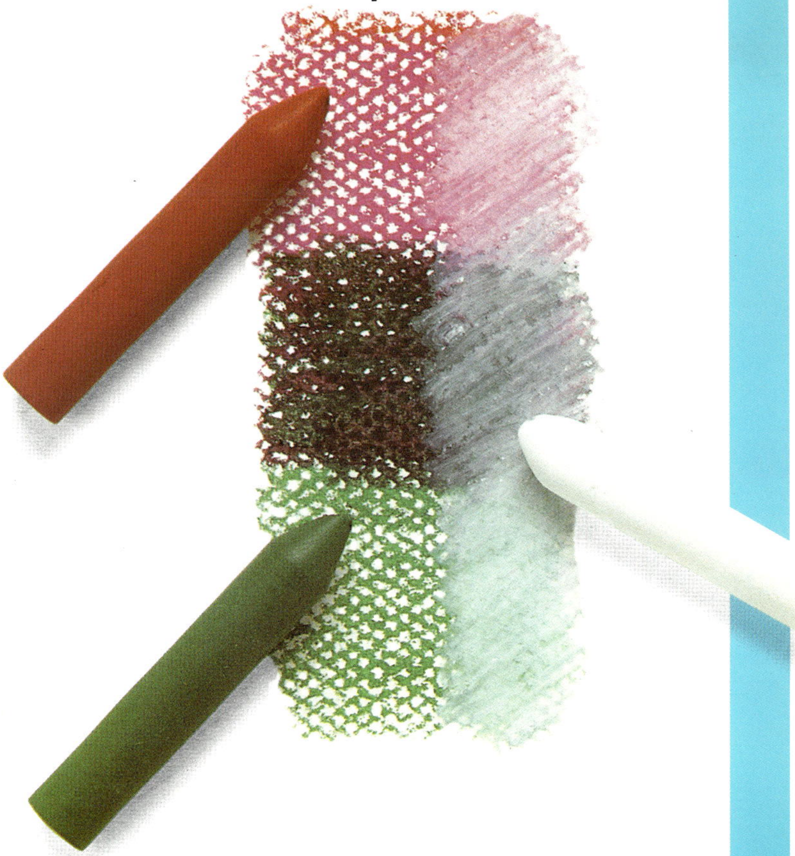

o tres, o más... haciendo transparencias*.

Cubrir el color del papel.

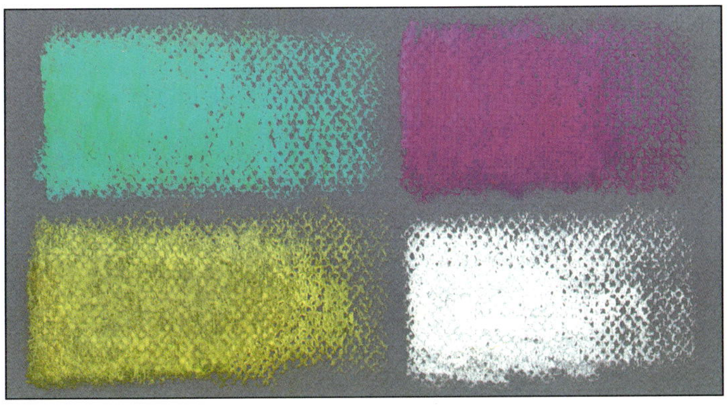

Esparcir.

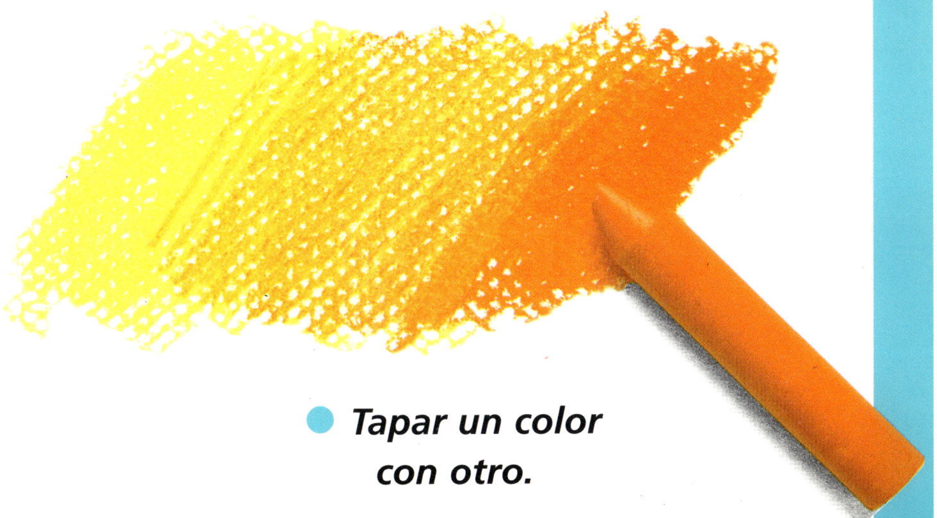

Tapar un color con otro.

LOS CREYONES MARCAN LA SUPERFICIE

Los creyones van muy bien si queremos marcar la superficie en la que estamos dibujando. Se trata de realizar texturas*. Aquí mostramos algunas:

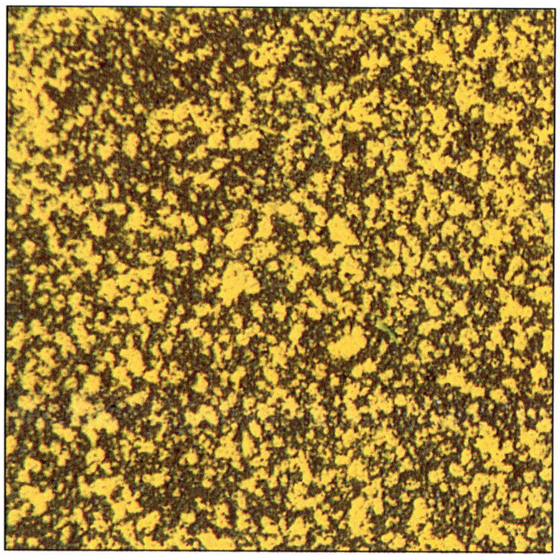

Sobre papel de lija.

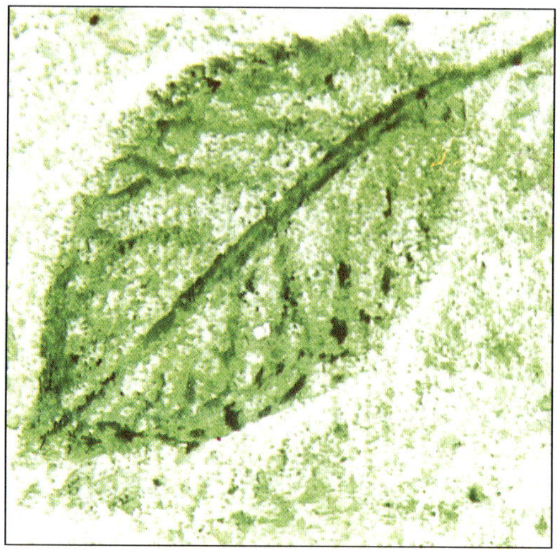

Sobre papel fino y con una hoja debajo.

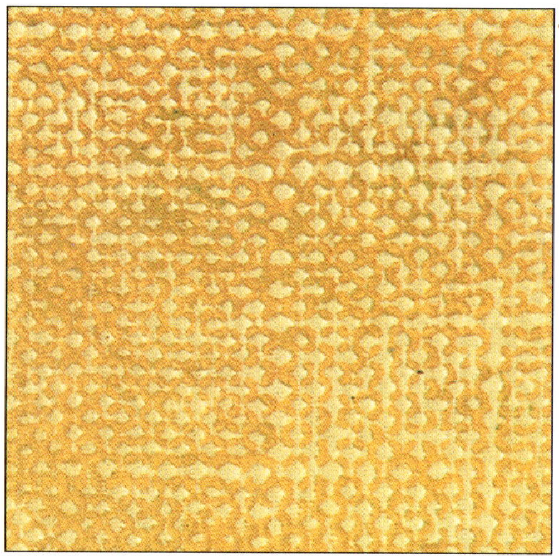

Sobre papel grueso y grabado.

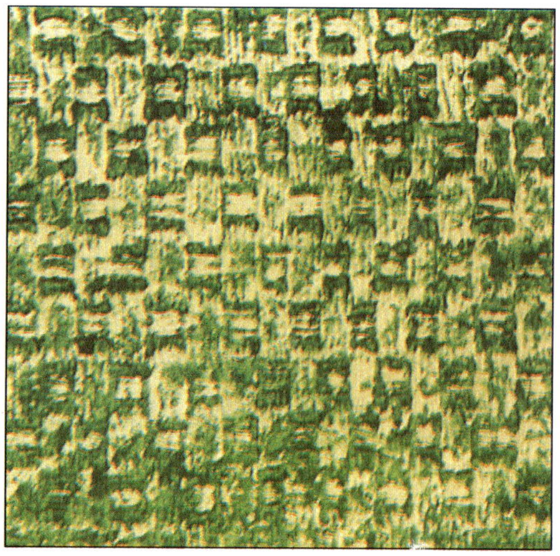

Sobre ropa.

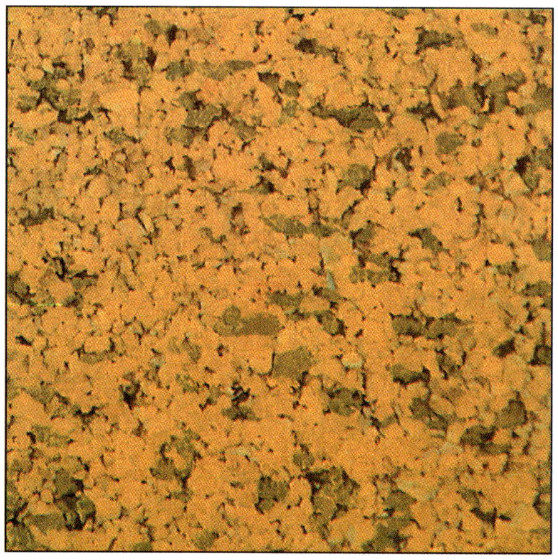

Sobre corcho.

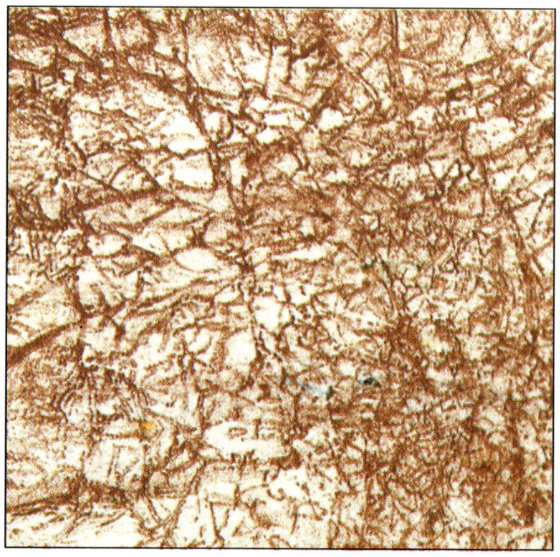

Sobre papel fino y con papel de aluminio debajo.

Cuando hemos formado una capa de creyones, con un palillo de dientes, el casquillo de un bolígrafo, el mango de un pincel o cualquier utensilio que raye, podemos marcar líneas y así saldrá el color.

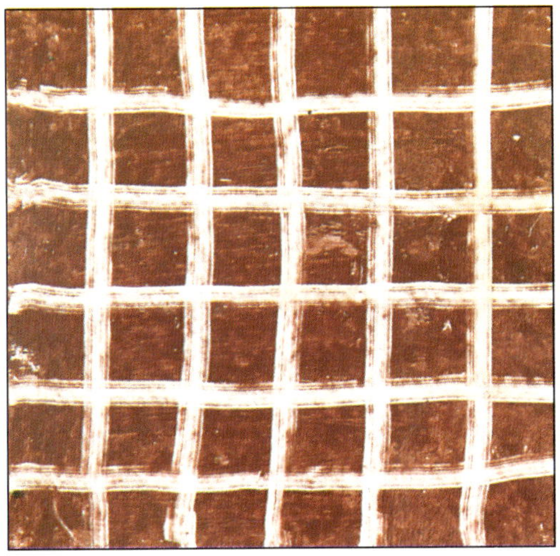

Puede que aparezca el color del papel,

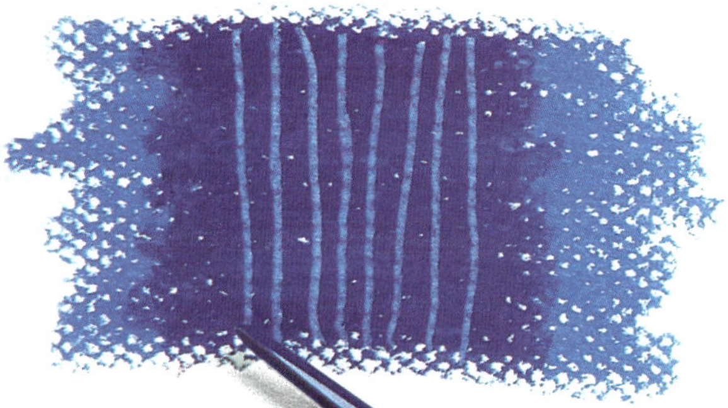

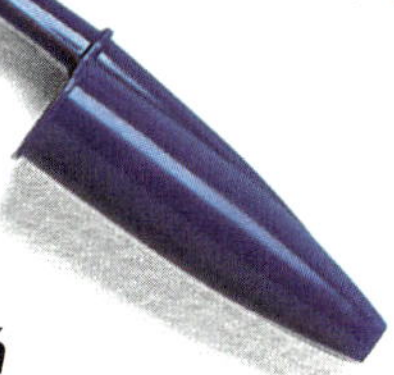

o, si hemos puesto dos capas de colores distintos, saldrá el del fondo.

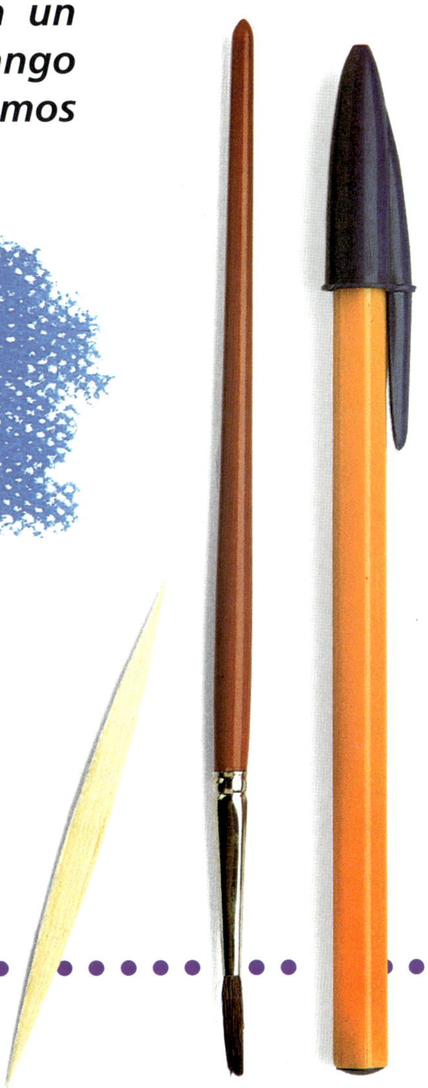

Podemos tapar las ceras con témperas.

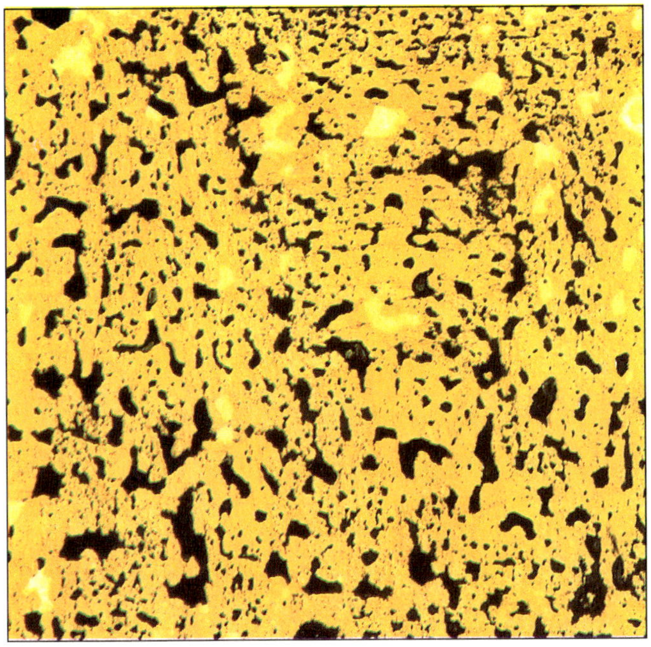

Ésta es una primera capa de témpera marrón encima de creyón amarillo. Queda manchado.

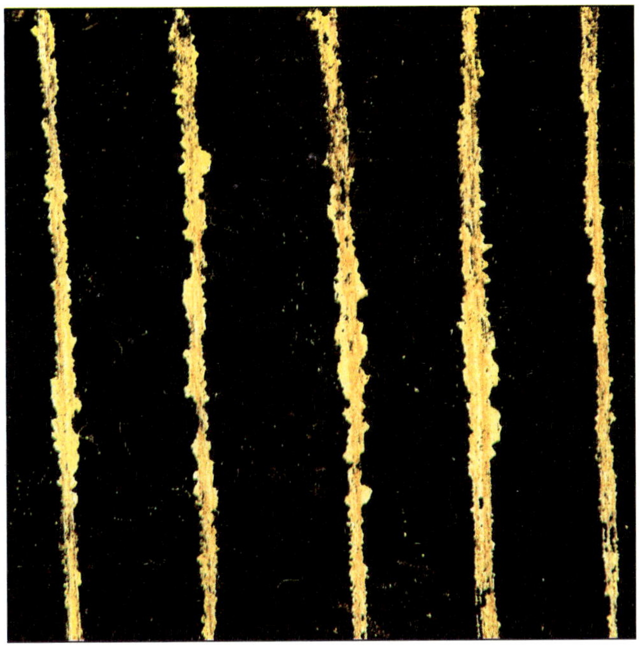

Si le damos dos o más capas, quedará tapado del todo. Si raspamos, vuelve a salir el primer color.

PINTAR SOBRE CREYONES

Las pinturas líquidas no traspasan los creyones. Como tempera, tinta china, acuarela... Donde hemos puesto creyones no chupa la pintura. Dibujamos círculos y puntos con creyones y después pintamos por encima con pintura líquida:

En este caso hemos pintado con tinta china. Las ceras escupen la tinta sin que ésta traspase.

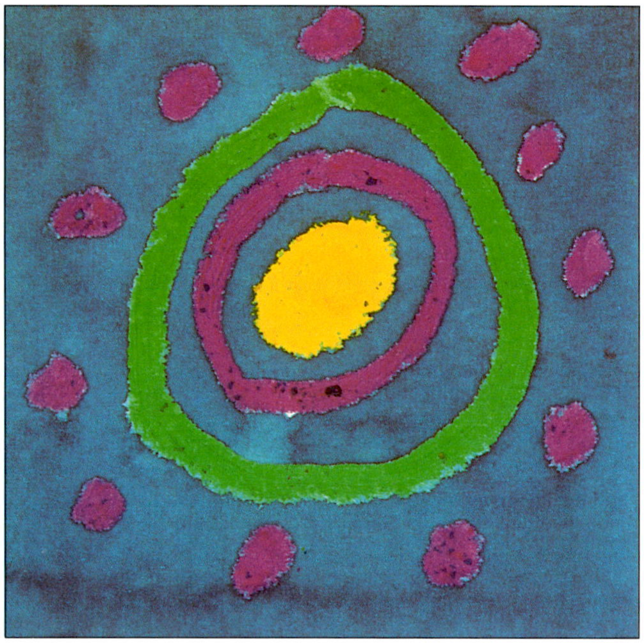

Aquí hemos pintado con tempera. Esta pintura no tapa la cera del todo.

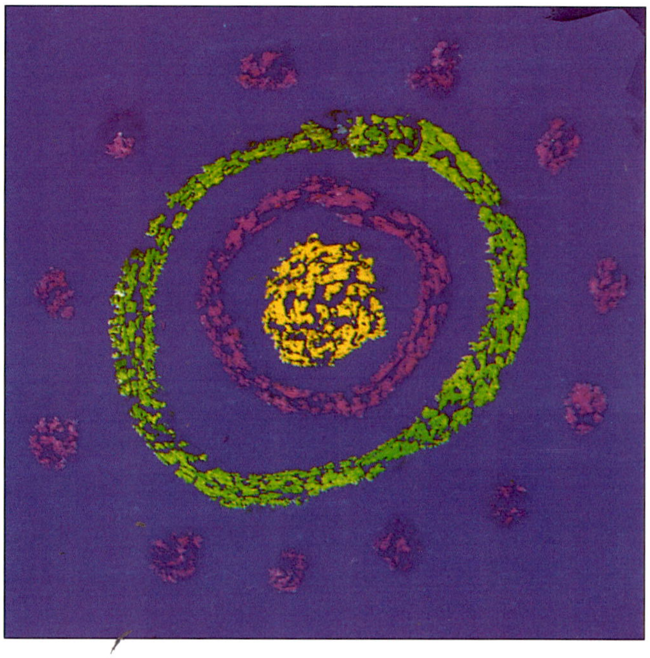

En esta muestra, el azul es tinte de teñir ropa. Tampoco ha tapado el dibujo.

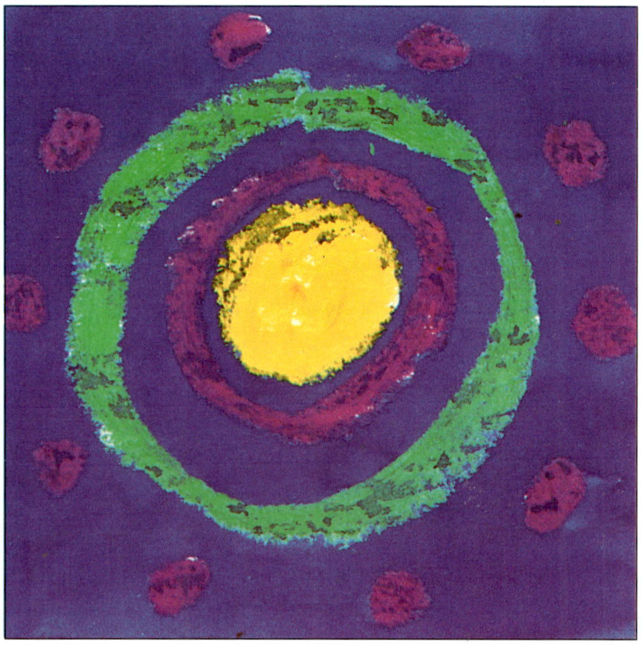

Con acuarelas también se ve el dibujo realizado con creyones.

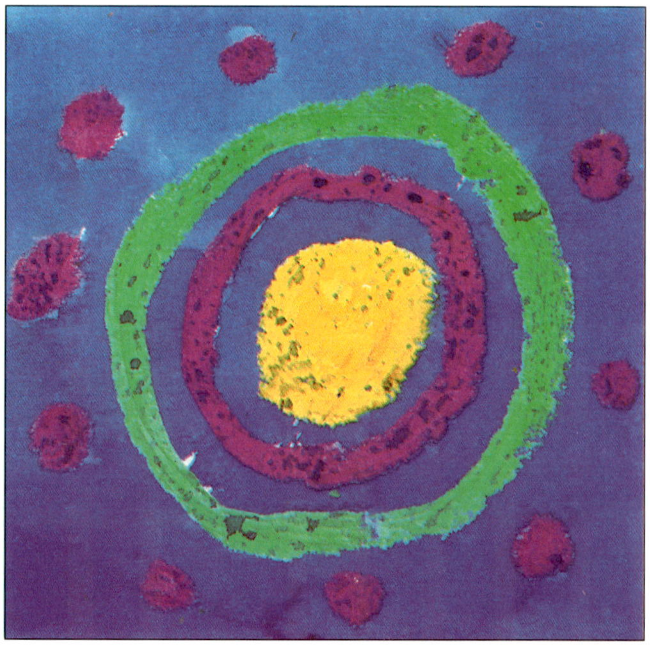

La técnica más interesante es la que cada uno encuentra probando y experimentando. Aquí se pueden ver algunas de las que nosotros hemos encontrado:

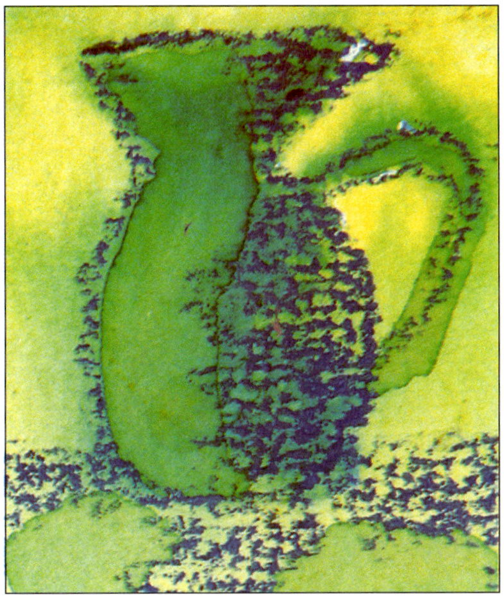

Sobre papel rugoso y acuarela.

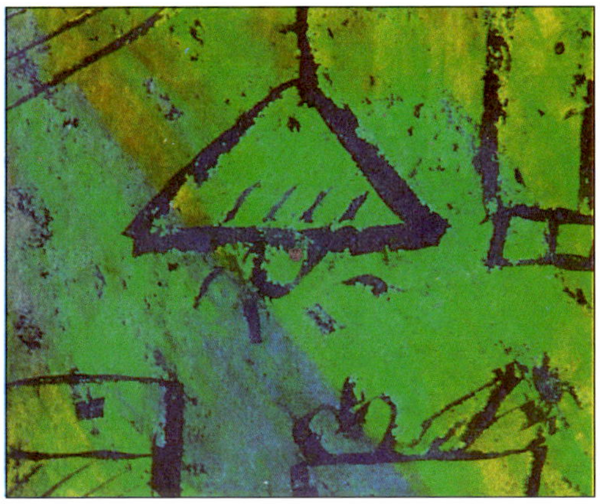

Raspado encima de cera, pintado y vuelto a raspar.

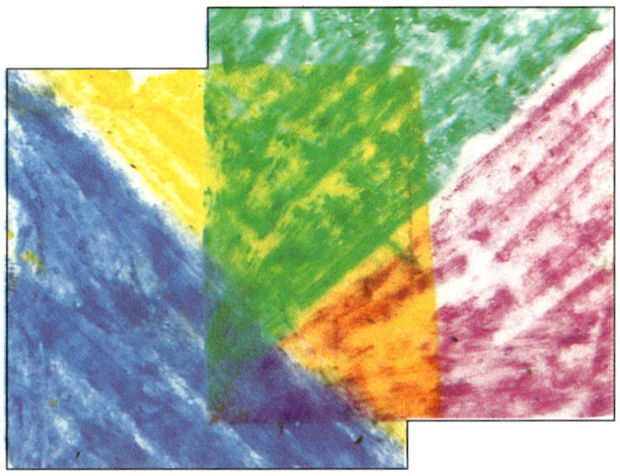

Sobre papel de acetato.

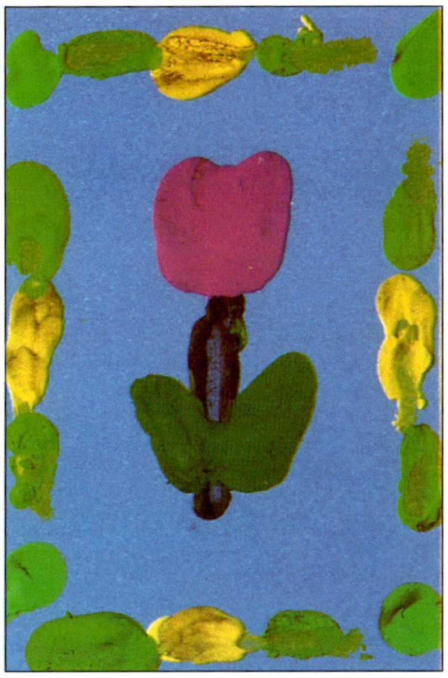

Chorritos de creyón fundido con la llama de una vela. Necesitas de la supevisión de un adulto.

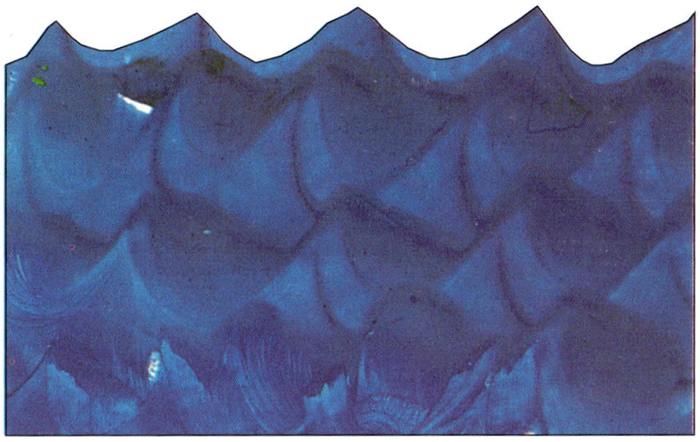

Con el papel calentado al sol o cerca de un radiador.

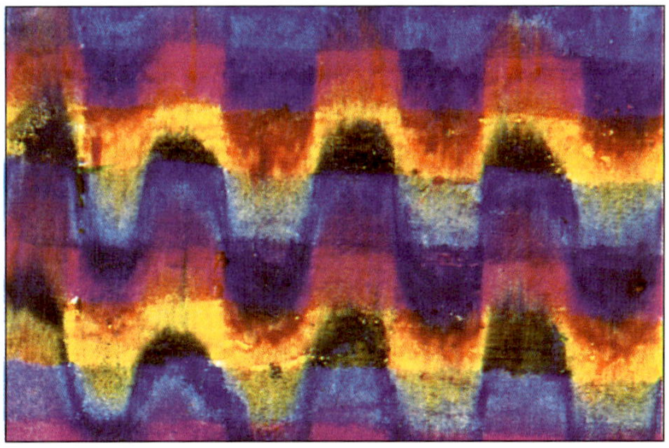

Esparciendo con el dedo.

Hemos probado diferentes maneras de dibujar un árbol:

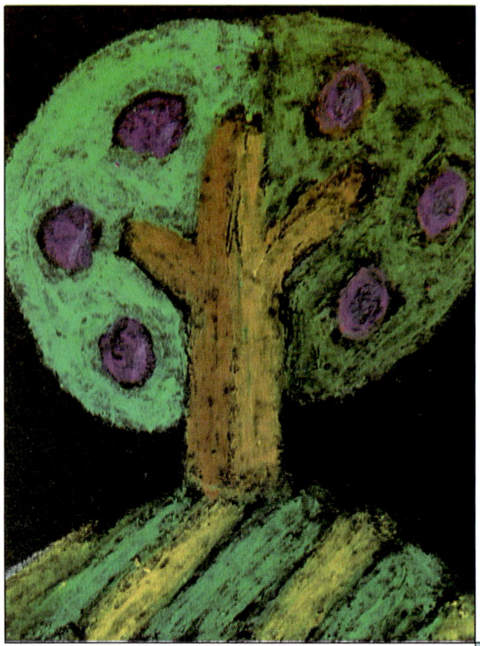

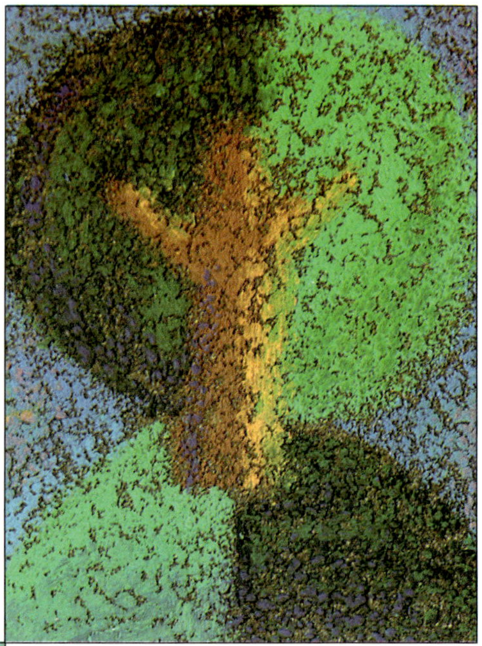

Como si hubiera niebla...
Creyones diluidos.

Creyones sobre papel de color.

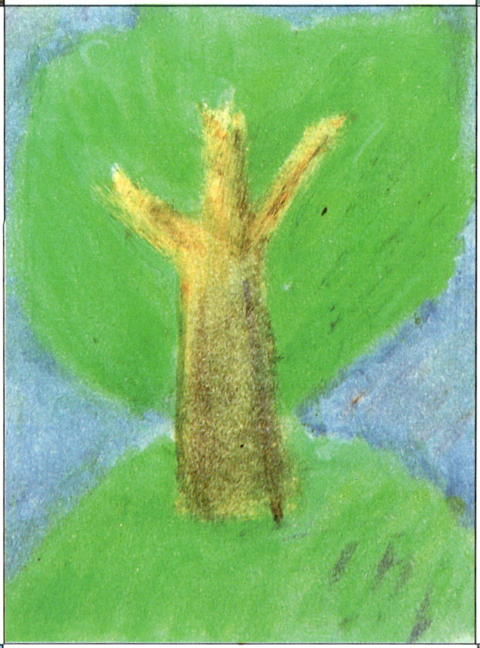

Creyones sobre papel rugoso.*

Creyones sobre papel satinado.

Creyones sobre papel arrugado.

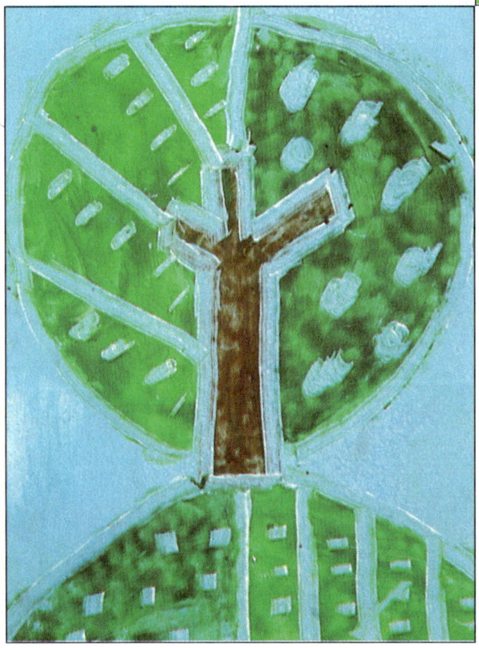

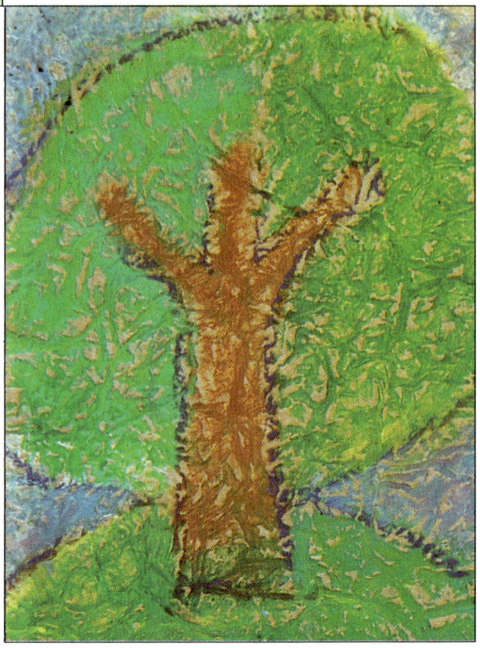

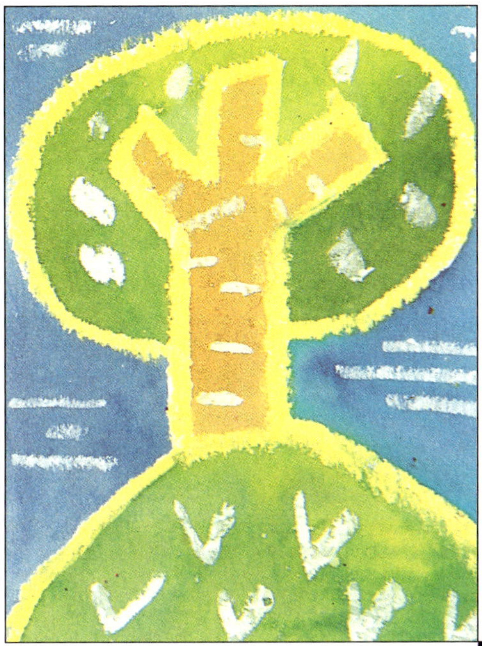

Creyones y acuarela.

Raspado de creyones.

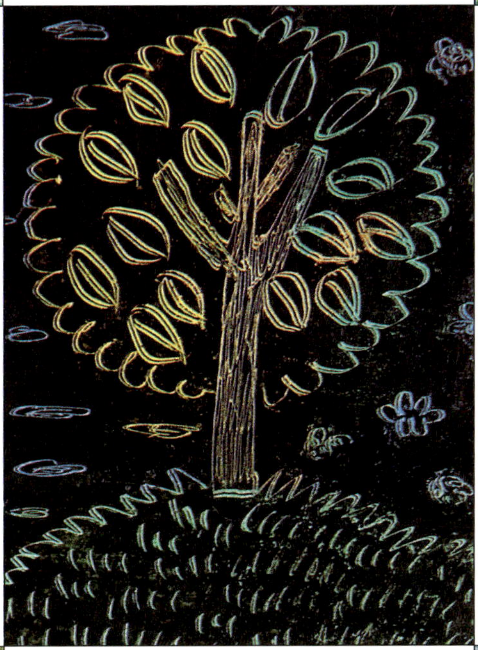

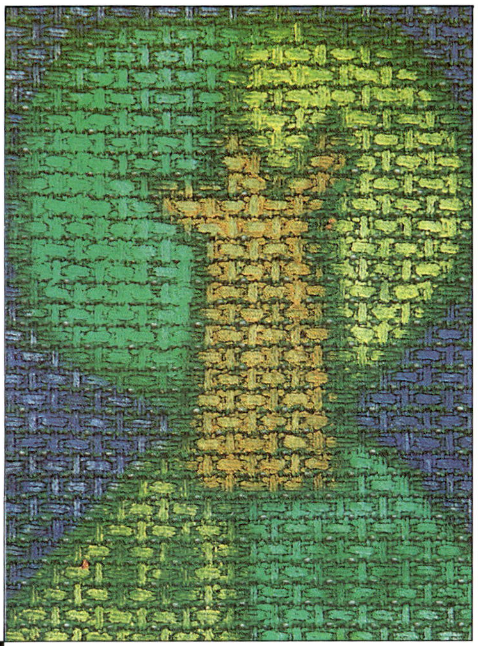

Creyones sobre ropa.

Collage de creyones
y nogalina.

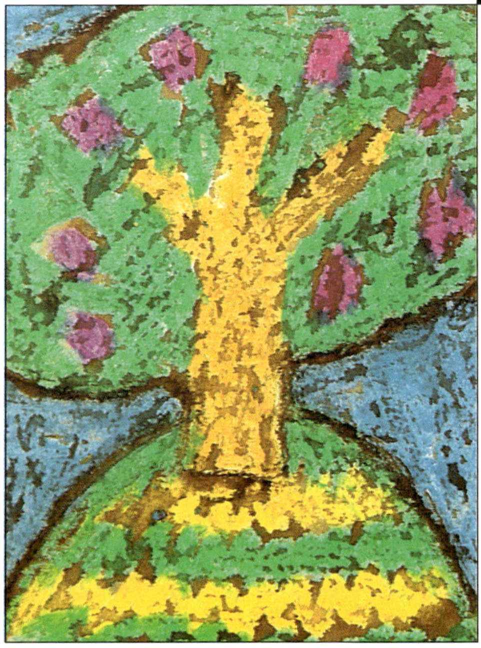

Raspado de tempera
y creyones.

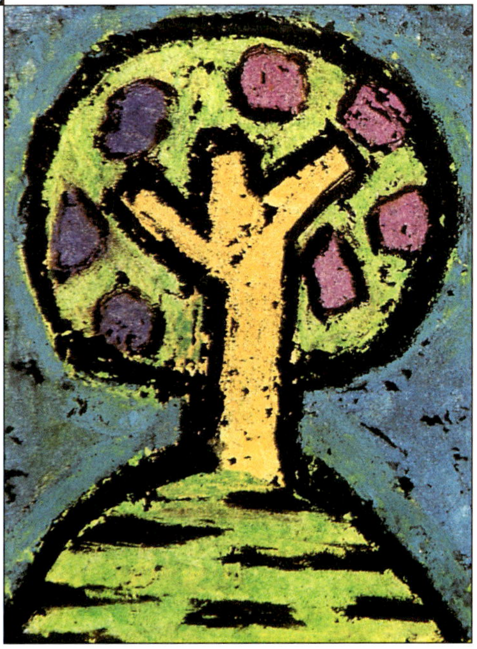

Y, por supuesto, muchas más formas...

Ahora te contaremos cómo hemos realizado cada uno de estos árboles.

CREYONES SOBRE PAPEL DE COLOR

Los creyones sobre papel de color unas veces tapan y otras quedan transparentes.

1 Pintamos un grupo de casas sobre papel naranja. La casa central es amarilla, casi no se ve.

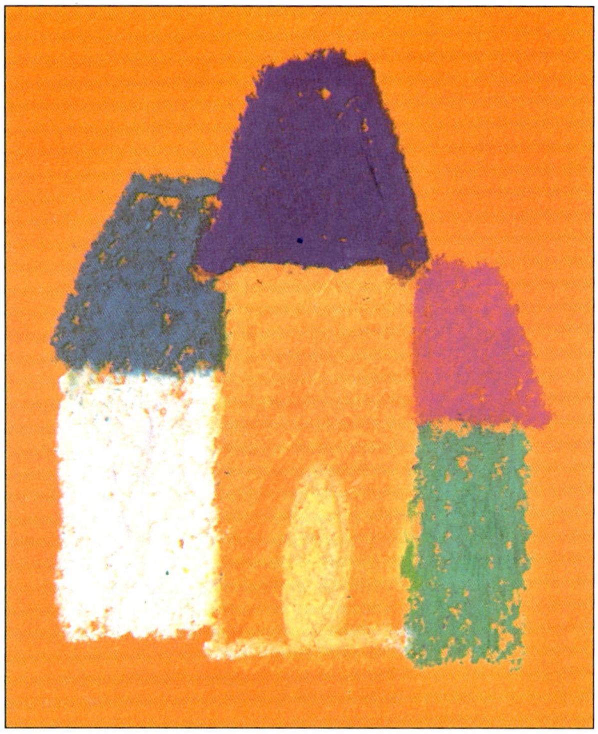

2 Si las pintamos sobre papel verde, la central no queda naranja como antes, sino verde.

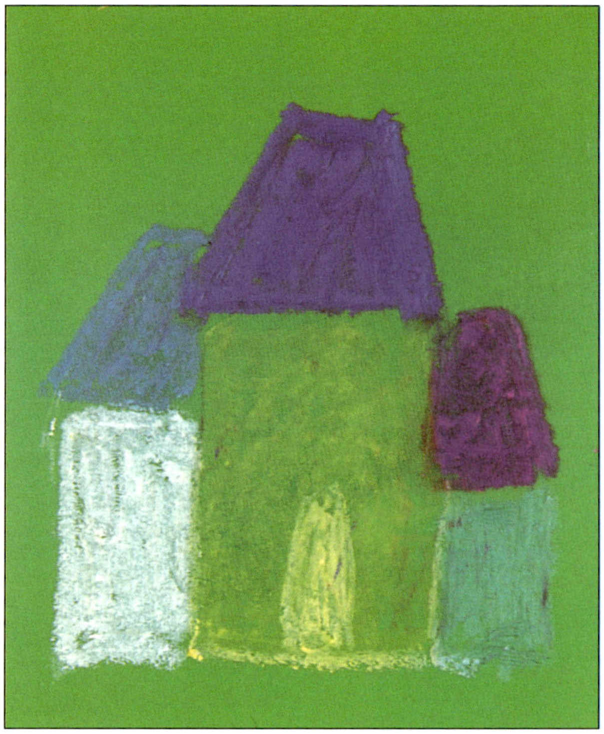

3 Sobre papel azul, el amarillo resalta más; ahora no se ve el primer tejado.

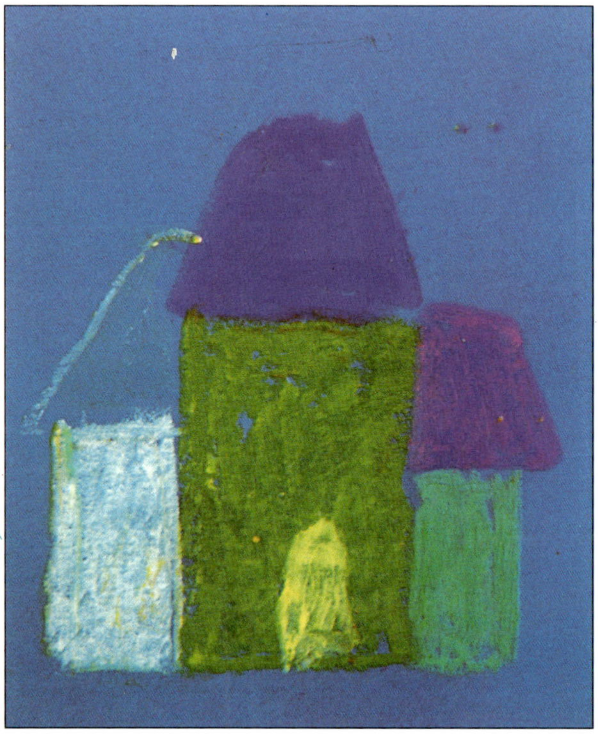

4 Para que se vea bien, podemos pintar encima con creyón blanco.

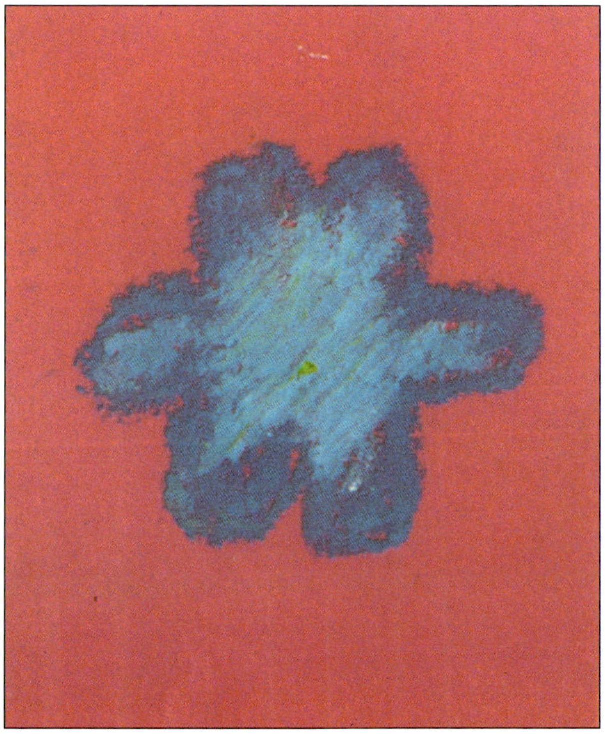

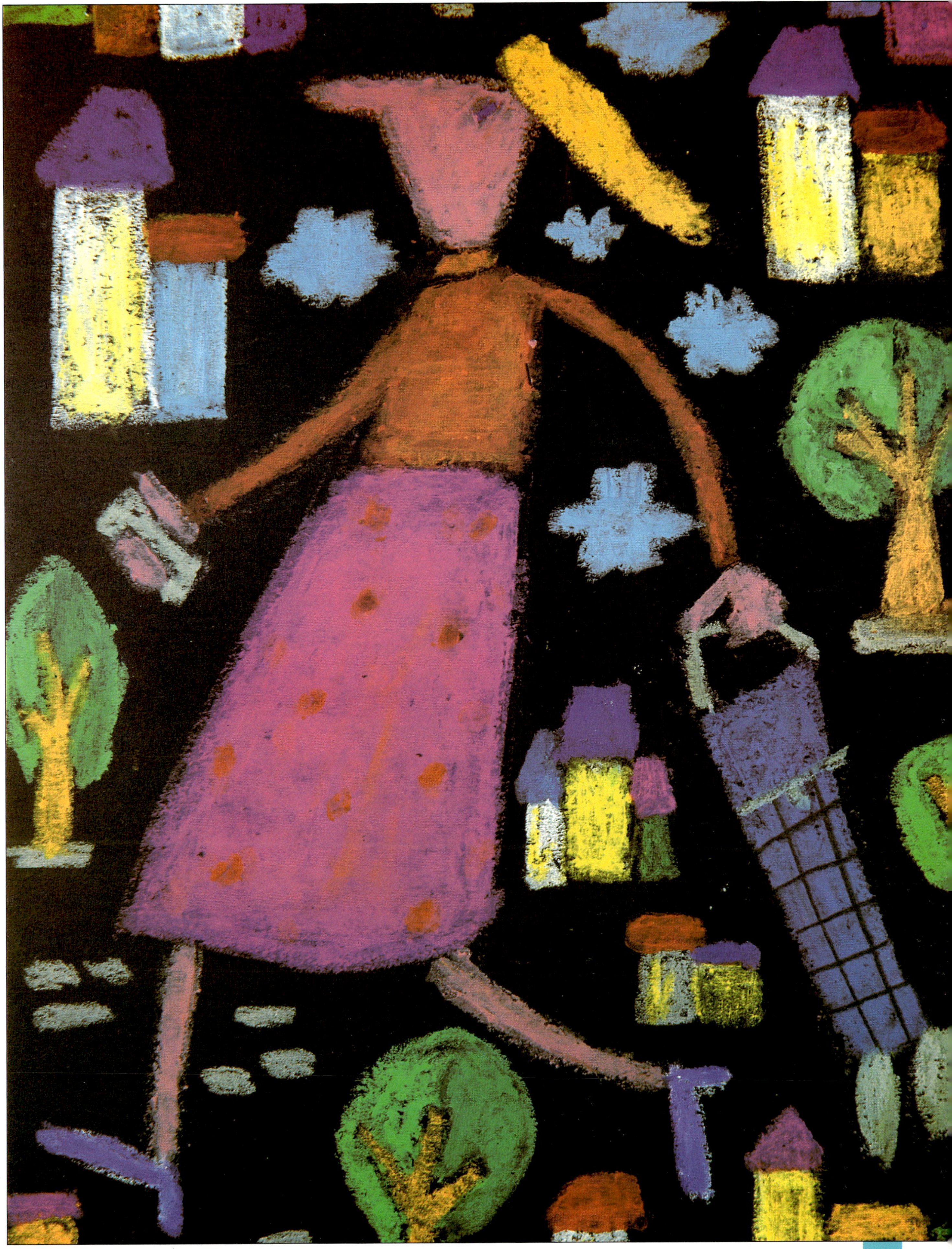

5

En papel negro puedes experimentar con tus propias combinaciones de colores.

CREYONES DILUIDOS

La cera del creyón se disuelve*. Se deshace con aguarrás. La supervisión de un adulto es necesaria.

1

Ponemos un fondo de ceras de los colores escogidos.

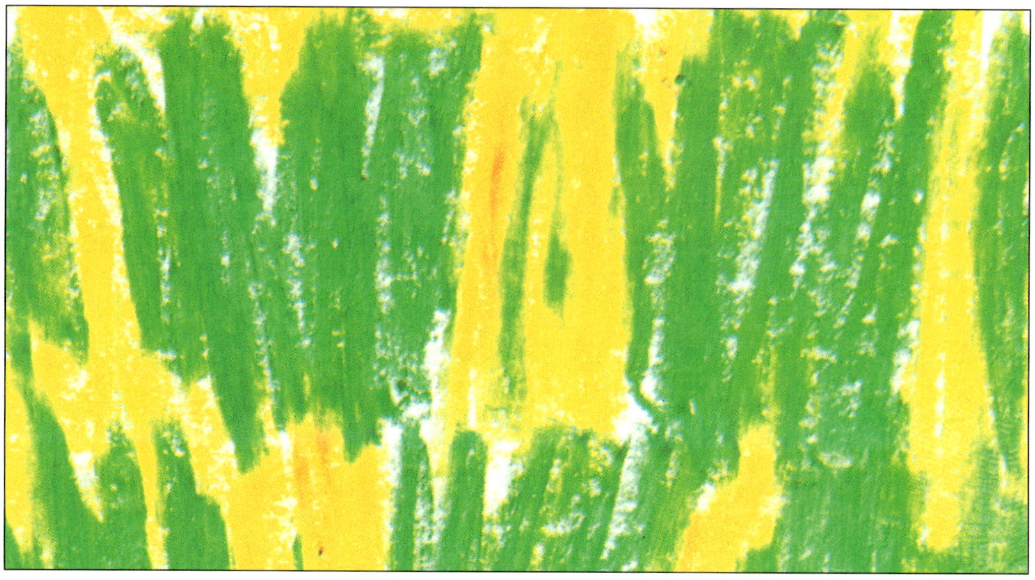

2

Mojamos el pincel con aguarrás y lo pasamos por encima del dibujo. Debemos hacerlo en una sola dirección, en este caso, de arriba abajo.

3

Encima podemos pintar más elementos, como pequeñas flores o cualquier otra cosa.

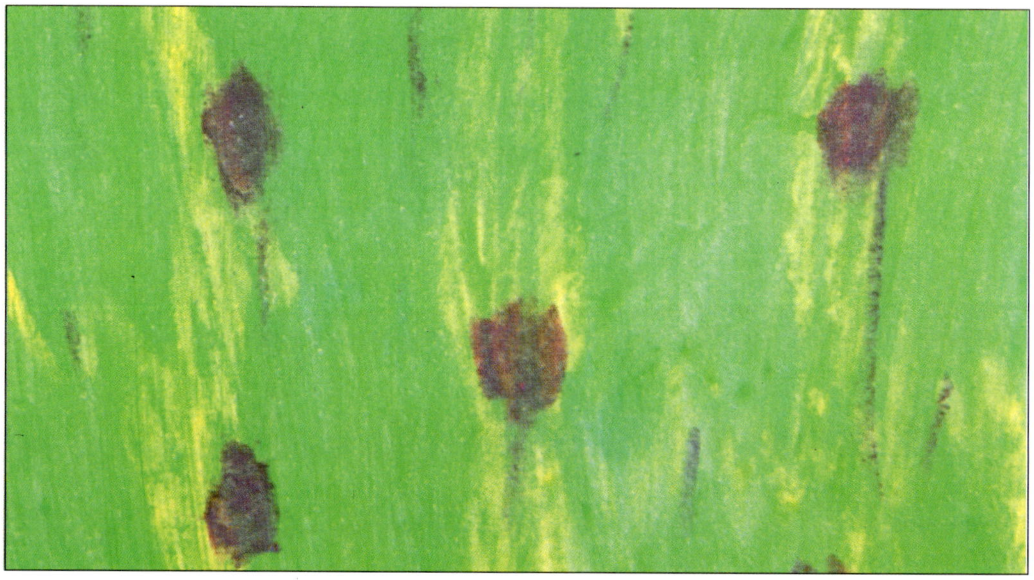

4

Cuando esté seco podemos añadirle más elementos y volver a repetir la operación o rectificar. Hasta que el resultado nos guste. Éste es un ejemplo.

CREYONES SOBRE PAPEL RUGOSO

Si utilizamos los creyones sobre un papel rugoso*, se marcan las formas del papel en el dibujo.

1

Sobre papel de lija dibujamos unas formas redondas.

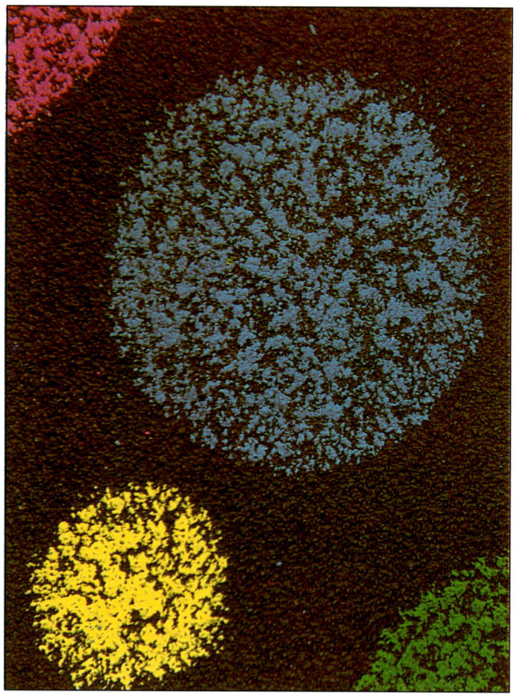

2

Podemos ponerle fondo y dibujar, encima de las formas redondas, luces y sombras.

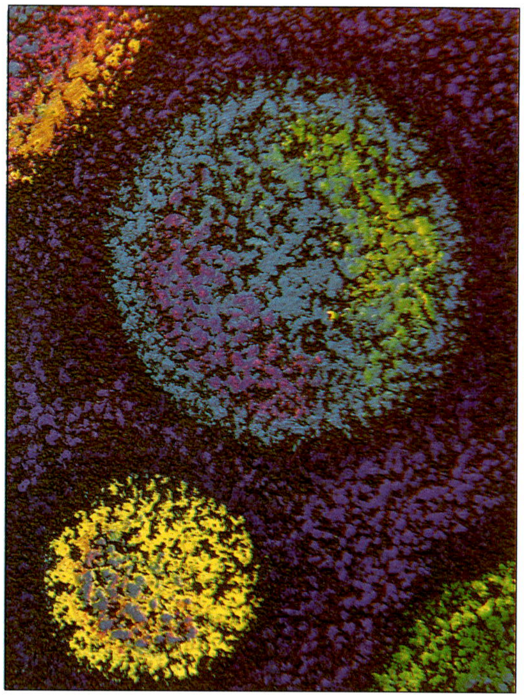

3

Aquí hemos ampliado una parte del dibujo anterior, para poder observar la textura.

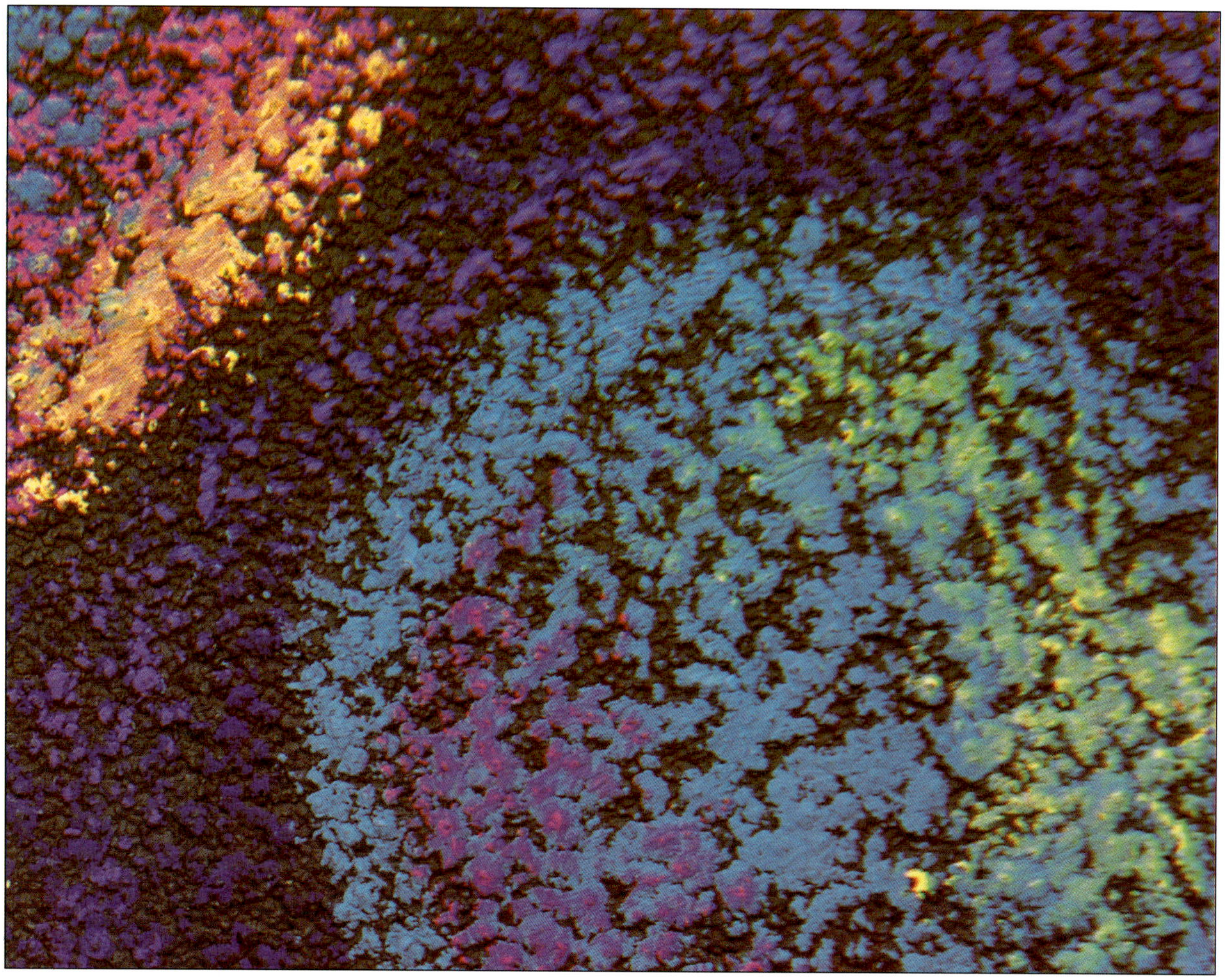

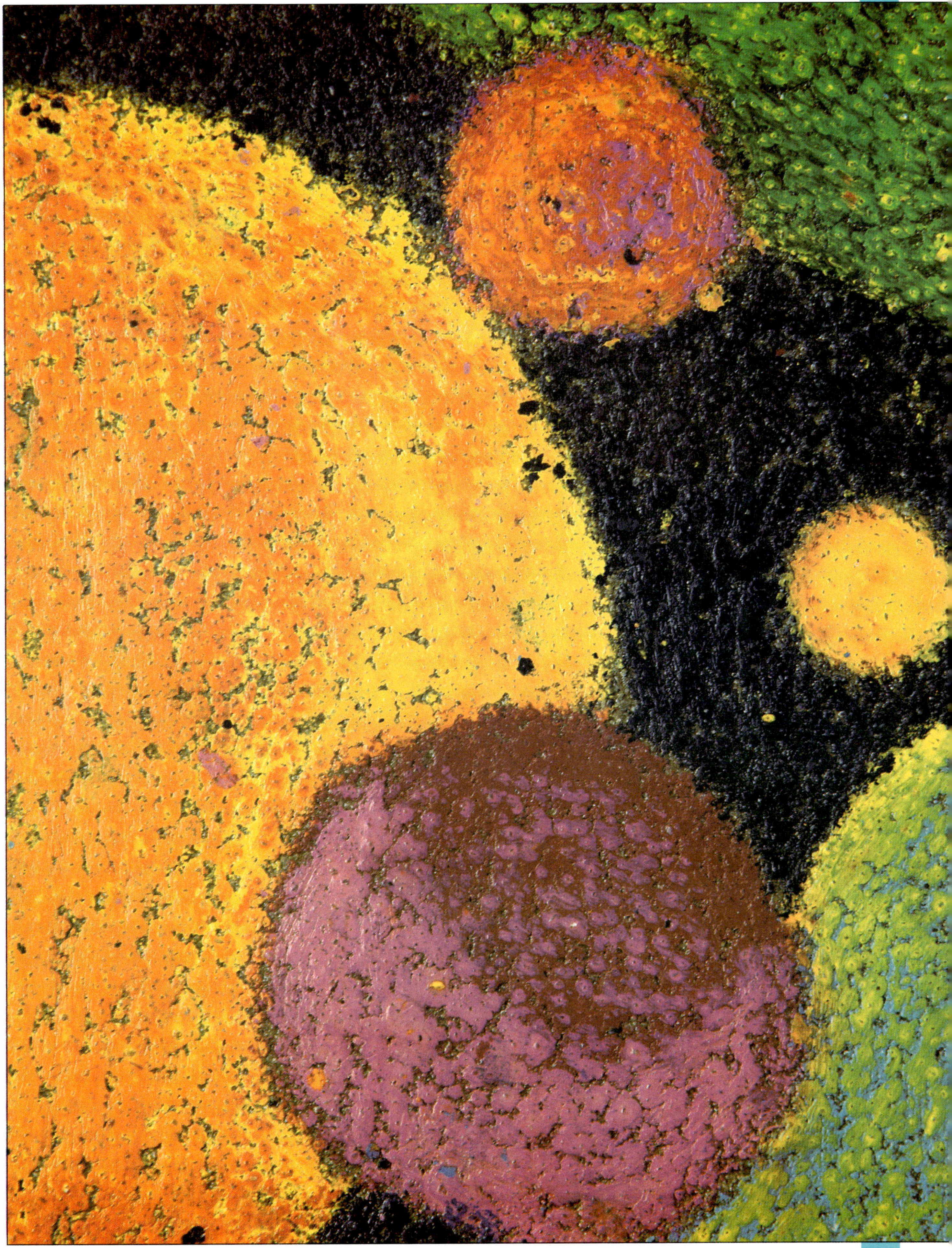

4

Con formas redondas de distintos tamaños y colores hemos conseguido este paisaje espacial.

Los creyones repelen* los líquidos. Si ponemos acuarela sobre creyones el papel sólo absorbe donde no hay creyones.

1

Vamos a realizar un árbol. Primero pintamos con creyones de colores claros las hojas.

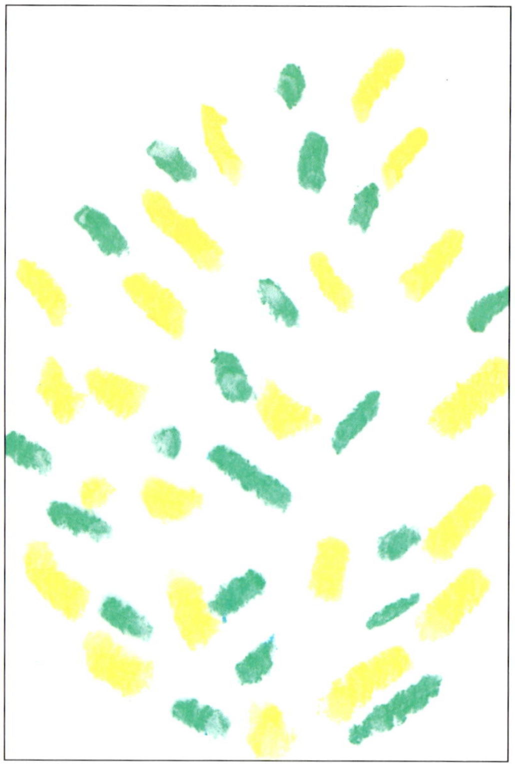

2

Después, con acuarelas de diferentes tonos de verde oscuro, cubrimos el árbol y las matas. Las hojas no se impregnan de tinta, produciendo un efecto muy interesante.

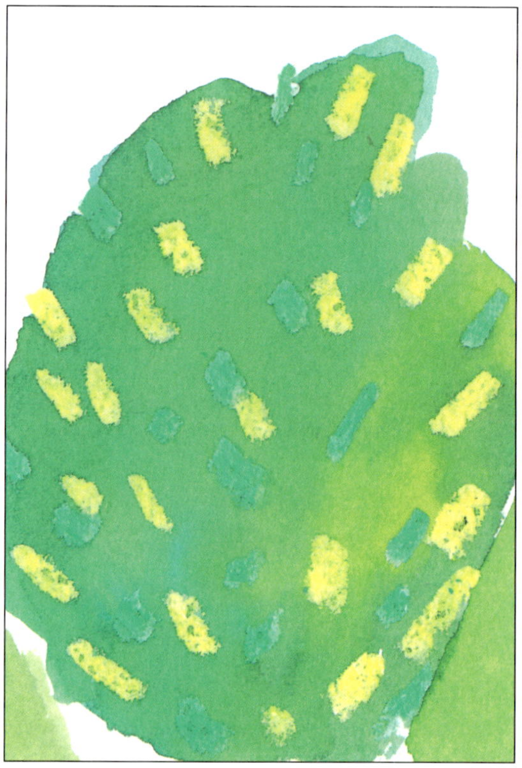

3

Si queremos poner manchas blancas para la hierba, utilizaremos un creyón blanco, utilizaremos en el dibujo. Cuando la cubrimos con acuarelas de diferentes tonos se obtiene este efecto.

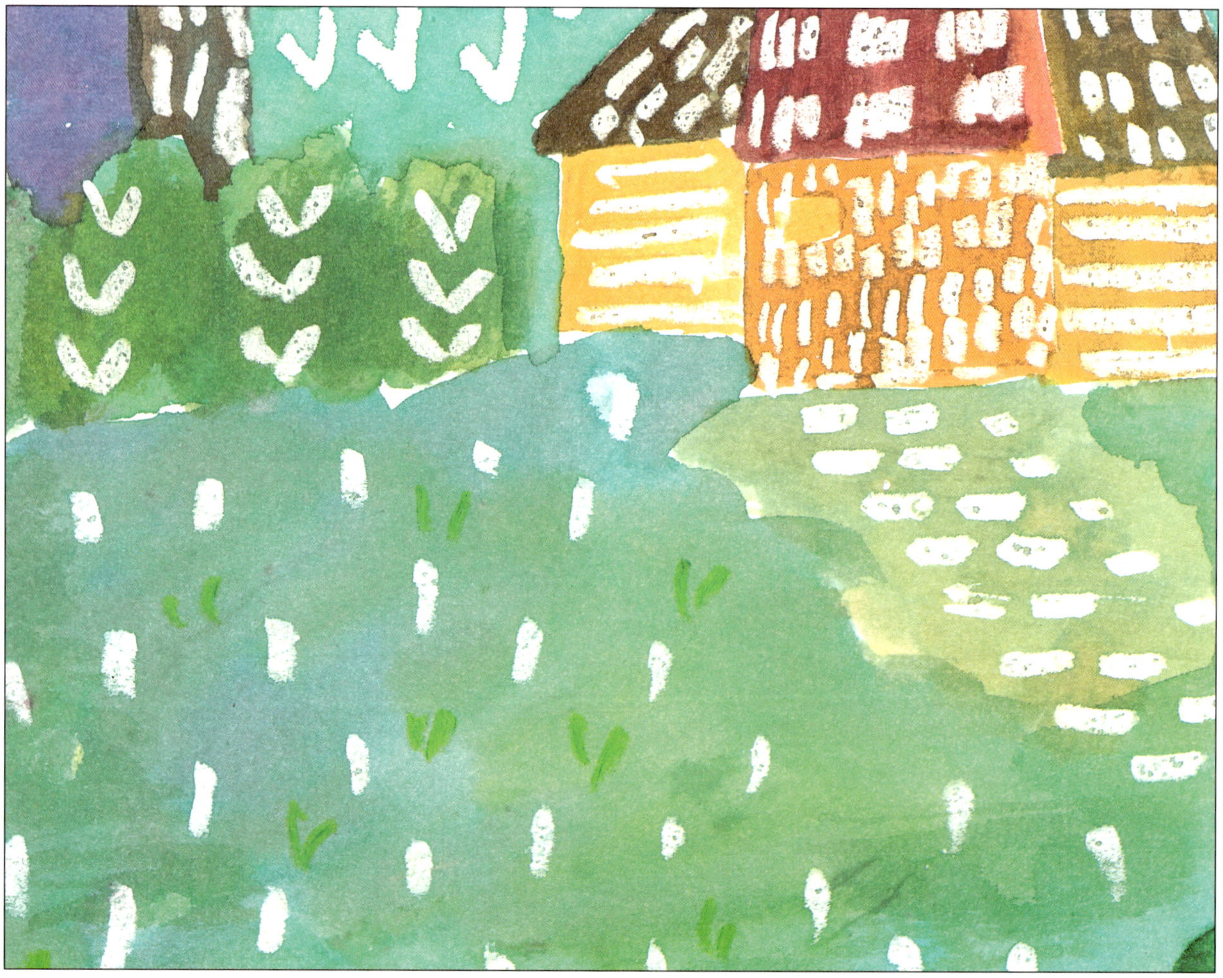

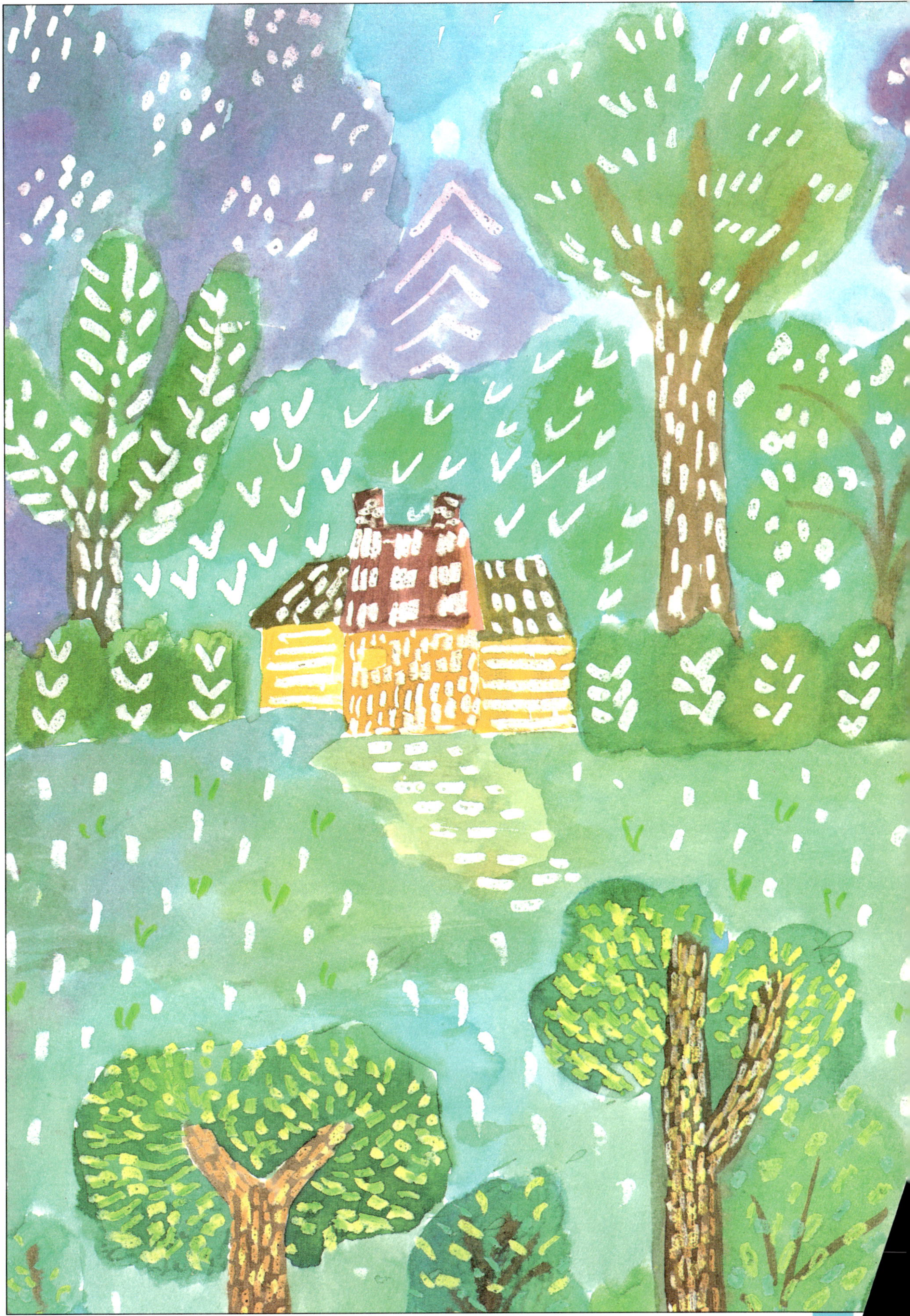

4

El mismo procedimiento lo hemos aplicado al resto del dibujo. Cuando la pintura está terminada no es necesario fijarla. La acuarela actúa como fijador.

RASPADO DE CREYONES

Si pintamos dos capas de creyones y raspamos saldrán los colores de la primera.

1

Preparamos un fondo con colores claros y luminosos. Procuramos que el papel quede bien tapado.

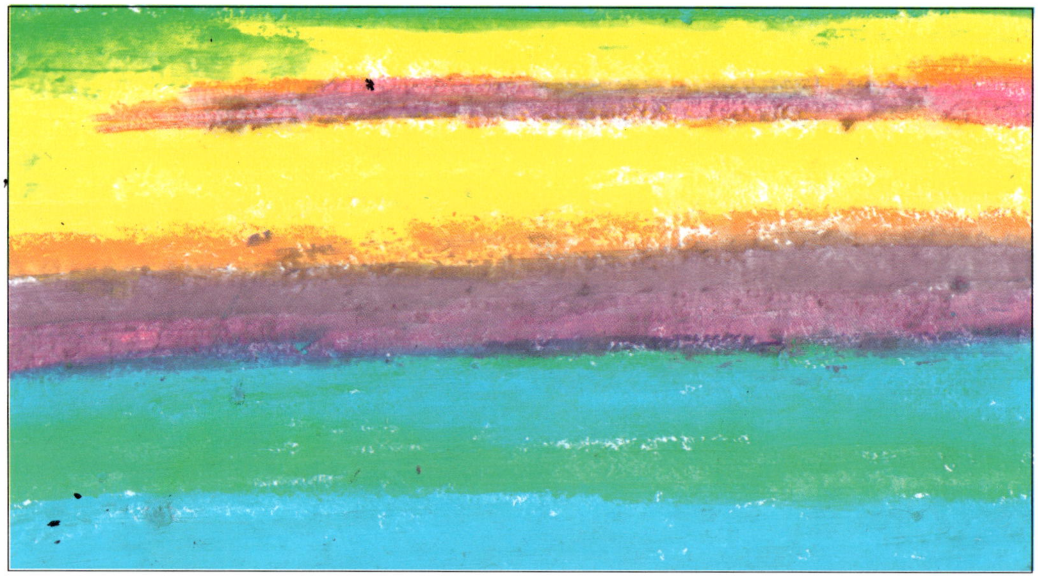

2

Cubrimos todo el fondo de color oscuro o negro. Podemos darle dos o más capas de ese color.

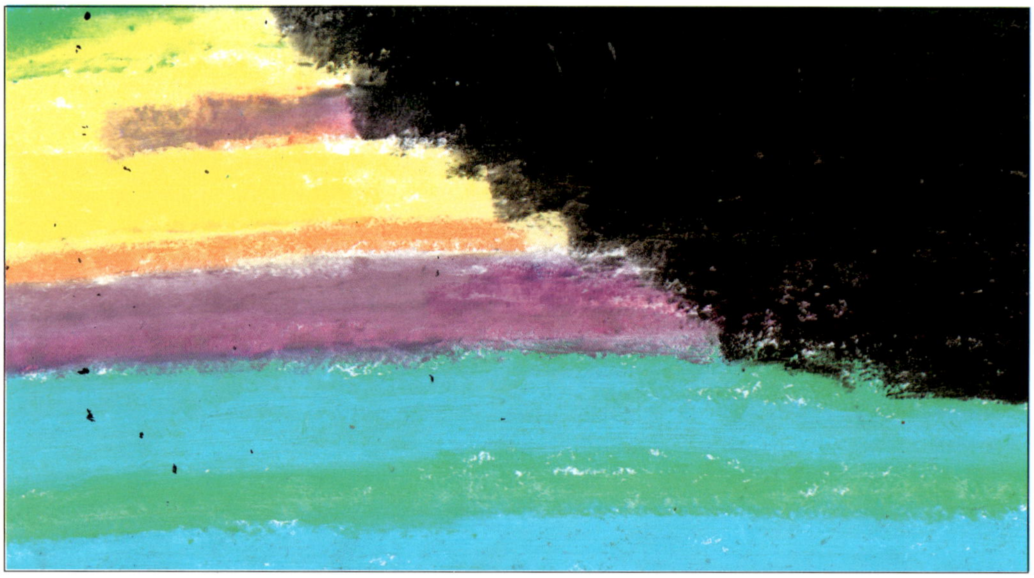

3

Raspamos con un palillo de dientes, el casquillo de una pluma u otro objeto con punta que nos sirva para realizar el dibujo.

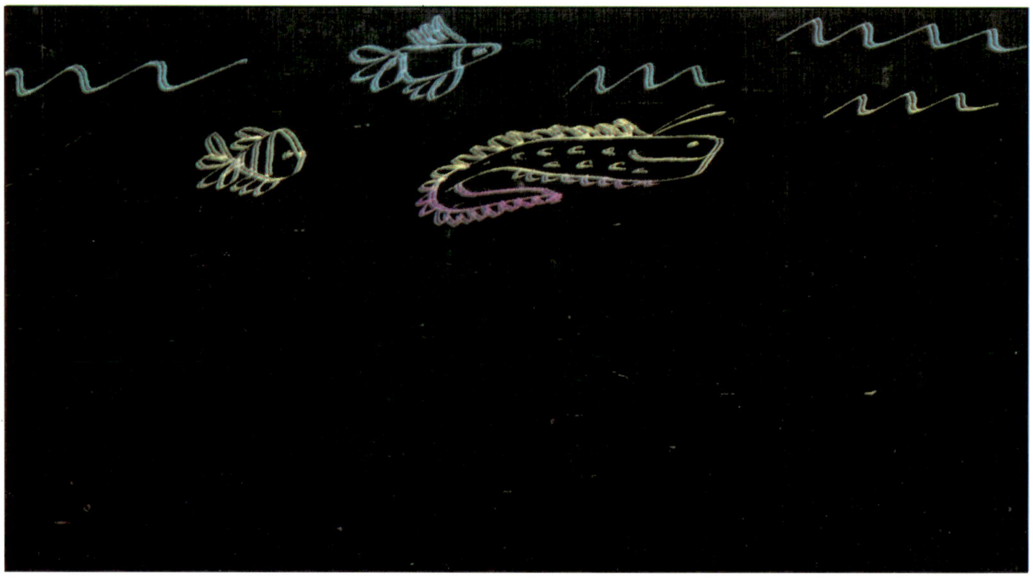

4

Terminado el dibujo,
aparecen mezclas de color inesperadas.

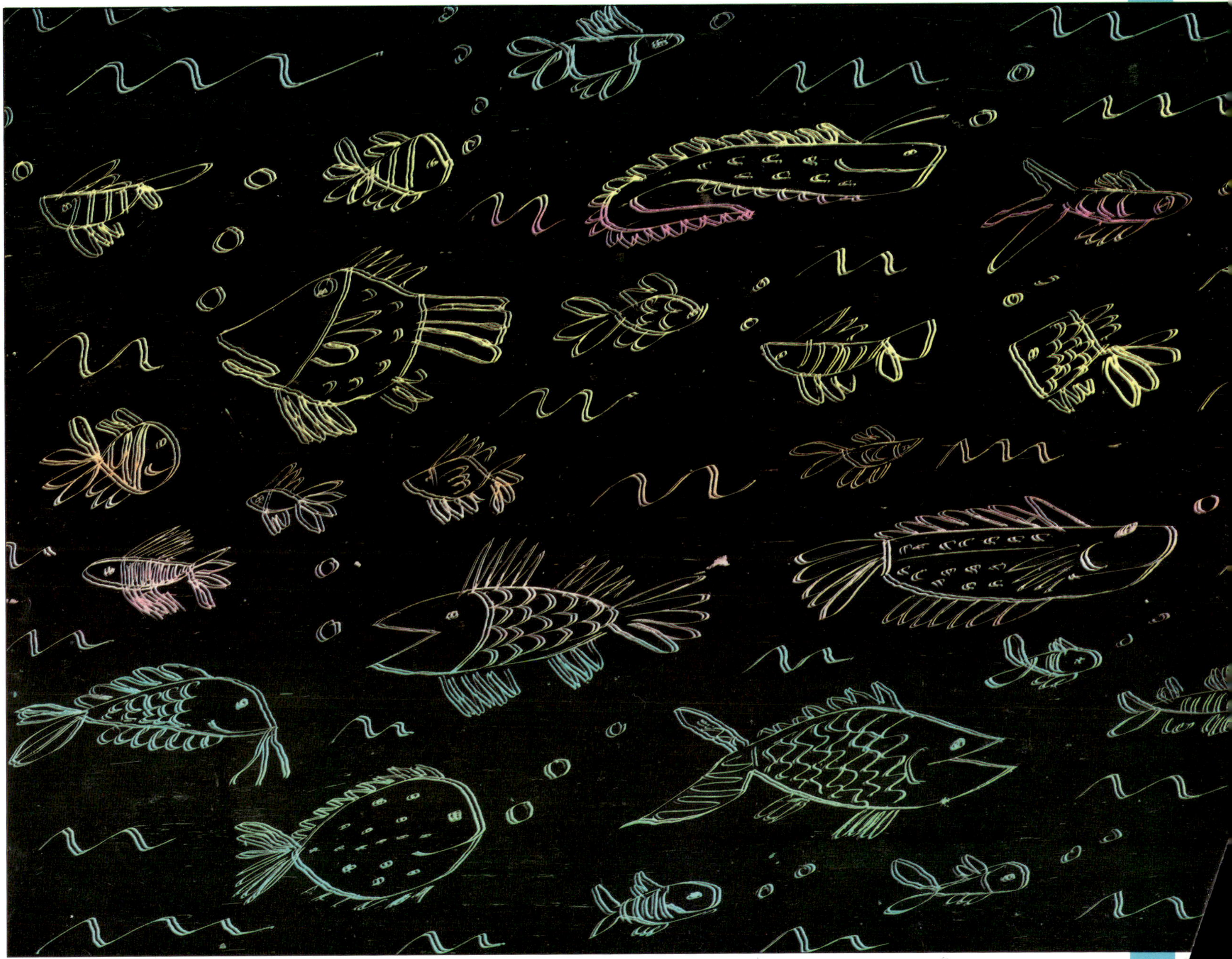

Si nos equivocamos, podemos corregir. Pintamos otra vez de negro y volvemos a empezar.

CREYONES SOBRE ROPA

Si pintamos con creyones encima de una ropa se marca el tejido.

1

Sobre una ropa verde hemos pintado un rombo morado.

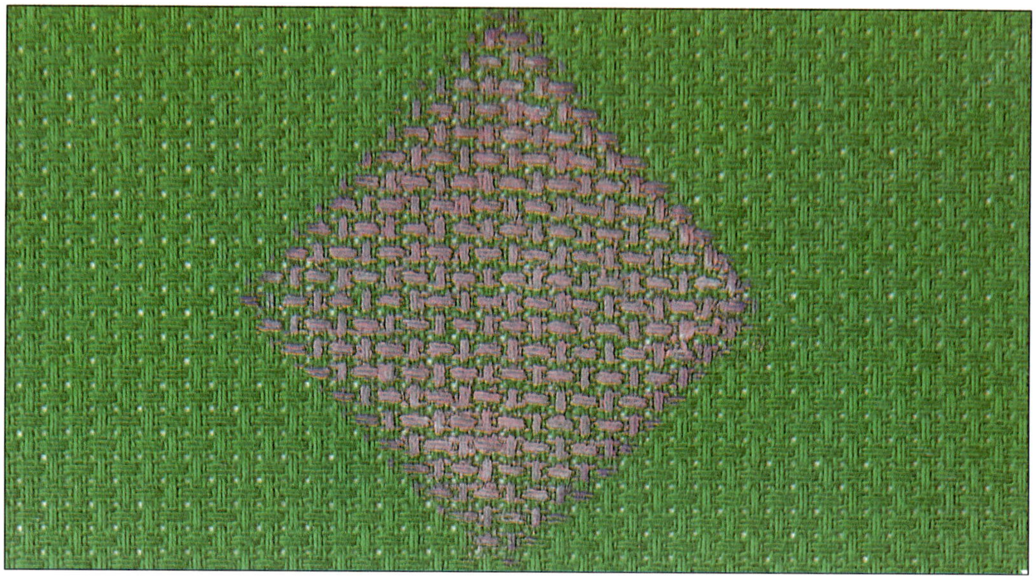

2

Ahora ponemos triángulos y rombos de otros colores alrededor.

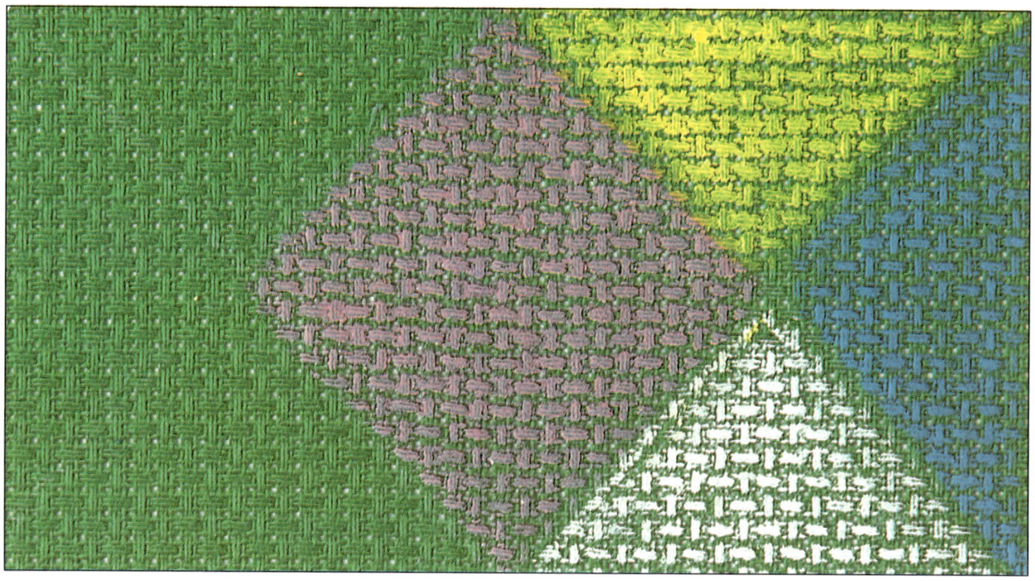

3

Para marcar las líneas usamos un pincel con aguarrás. Por donde pasa el pincel, se borran los colores y aparece el fondo. Necesitas la supervisión de un adulto.

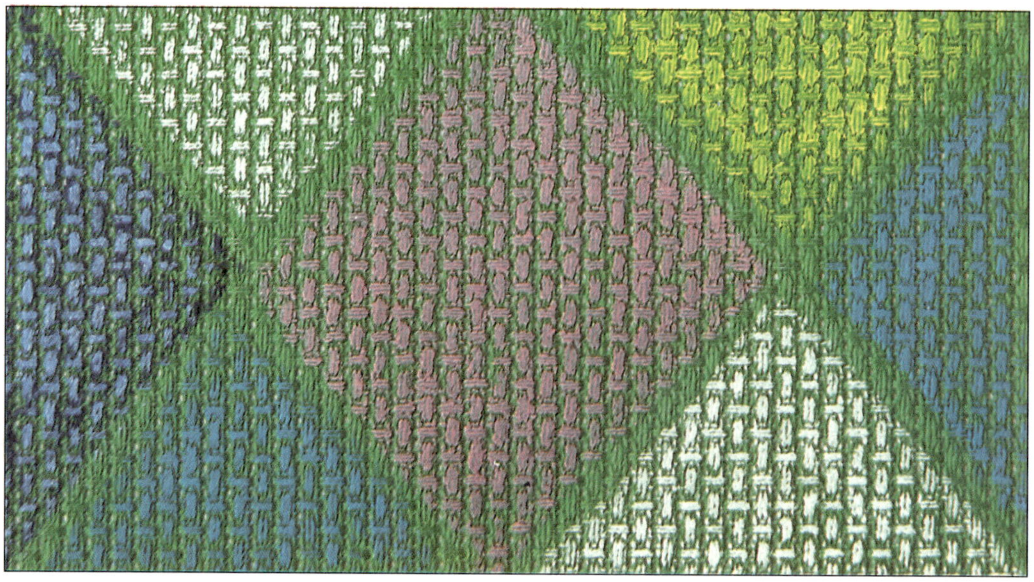

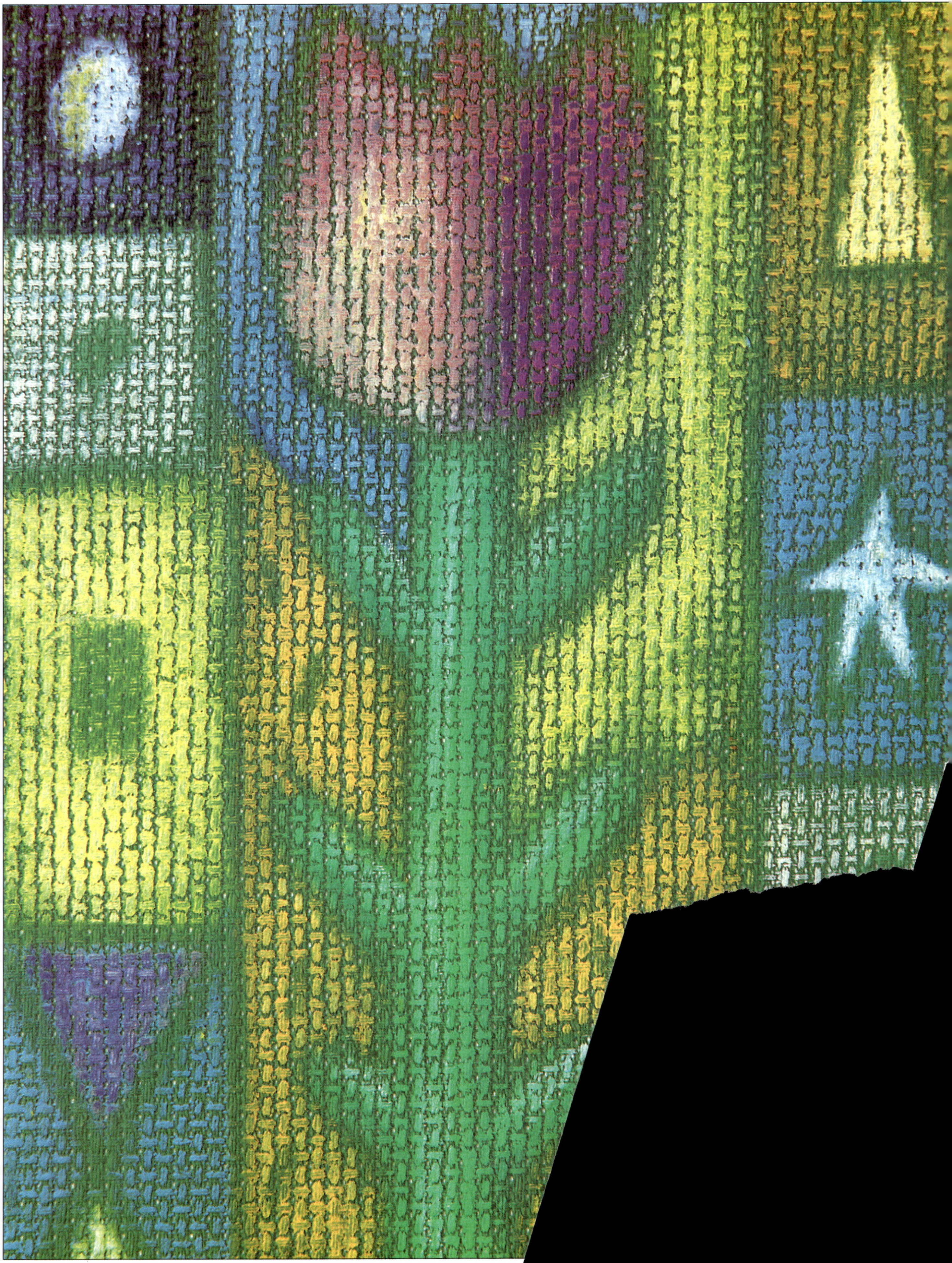

4

Con esta técnica* hemos realizado este dibujo.

CREYONES SOBRE PAPEL SATINADO

Si usamos los creyones sobre papel satinado y raspamos, nos marca el color del papel.

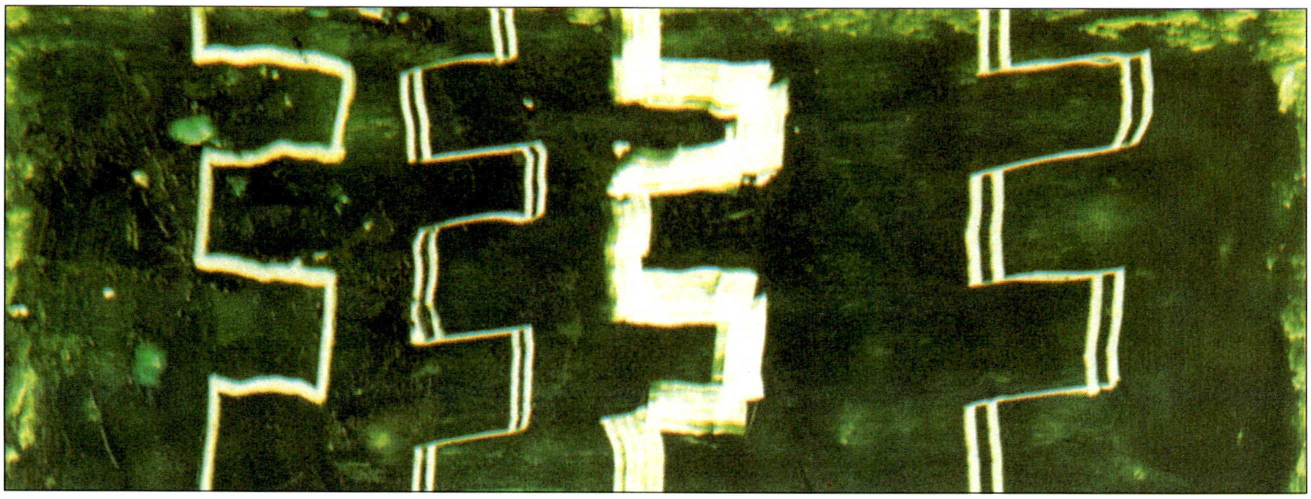

1 Sobre una capa de creyones hemos raspado con palillo de dientes, pluma fina, espátula y pluma gruesa.

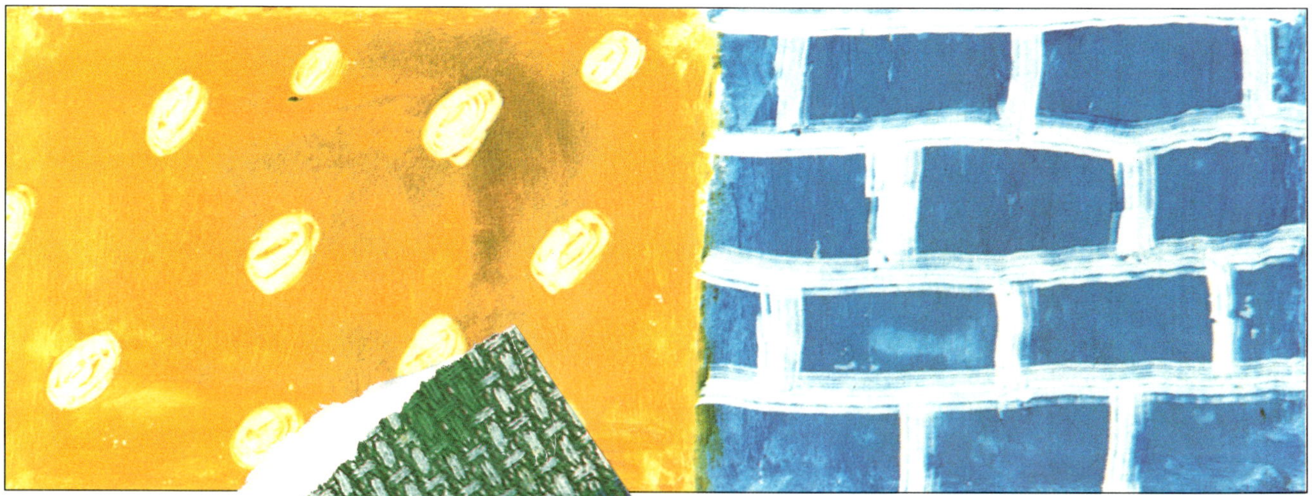

2 Hemos ... es, una al lado de otra. Les ponemos marcas, ritm...

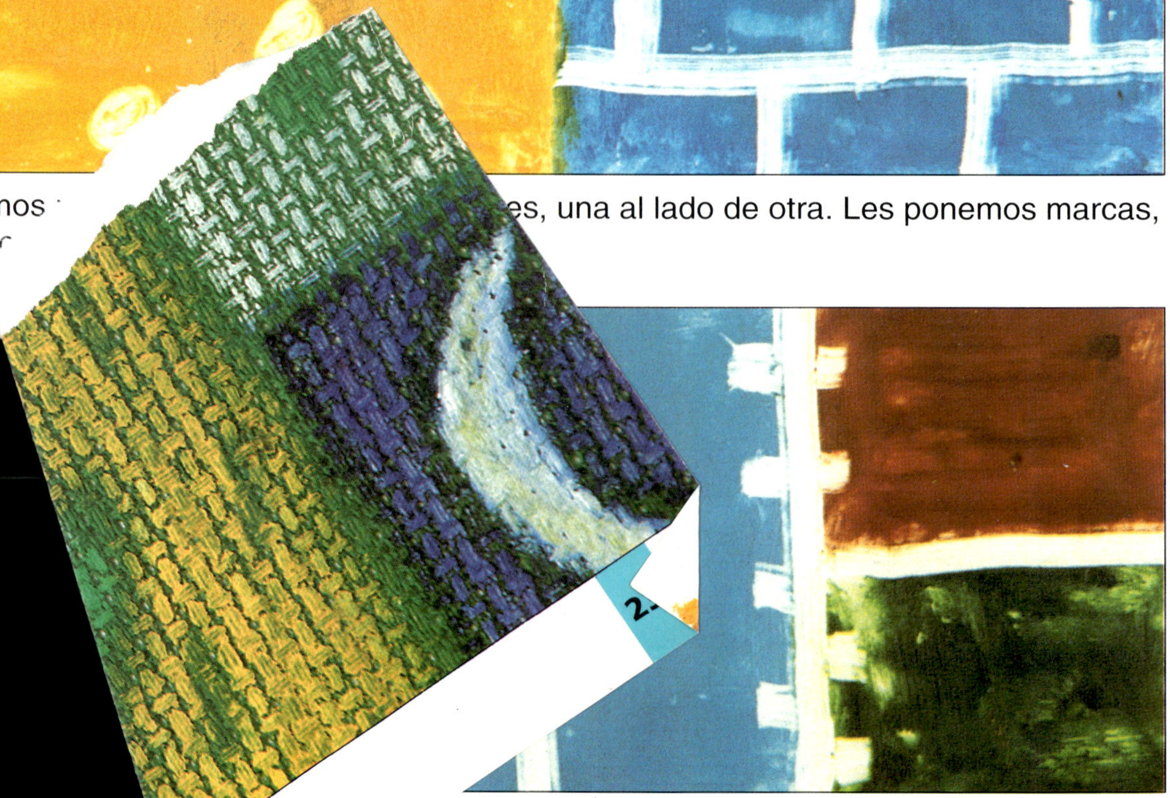

...ores con una línea.

4

¿Con esta técnica hemos realizado este dibujo?

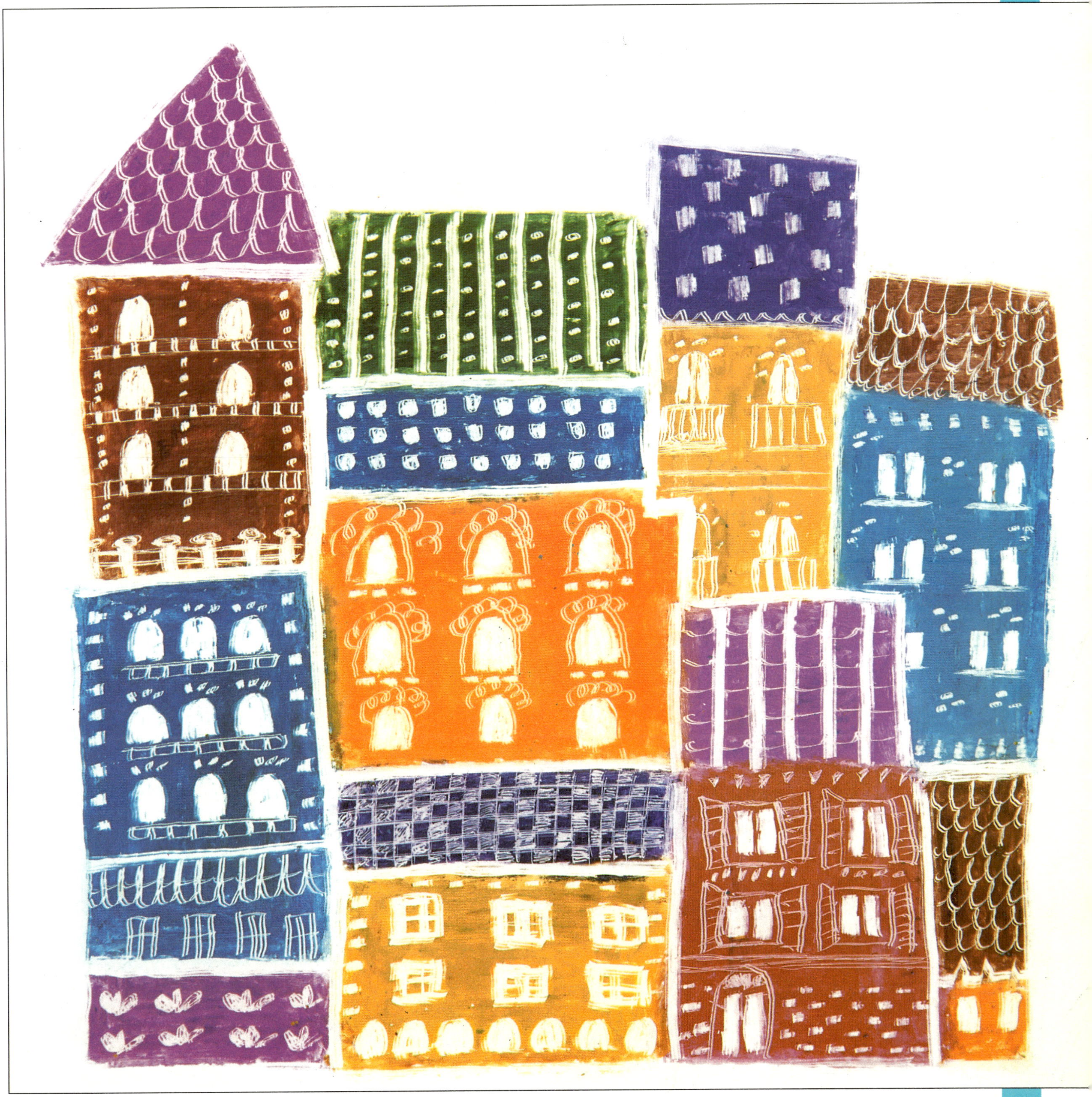

Si el contorno queda manchado, se puede limpiar con un algodón y alcohol. Para esto necesitas la ayuda de un adulto.

CREYONES SOBRE PAPEL ARRUGADO

Los creyones sobre papel fino arrugado destacan las arrugas del papel.

1 Preparamos una cartulina y papeles de seda de colores.

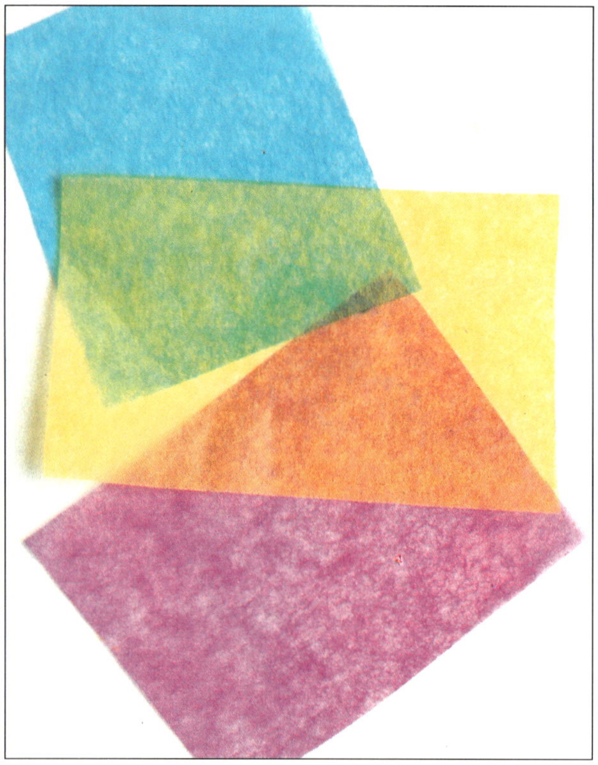

2 Arrugamos un trozo de papel de seda, en este caso amarillo, y lo pegamos encima de la cartulina.

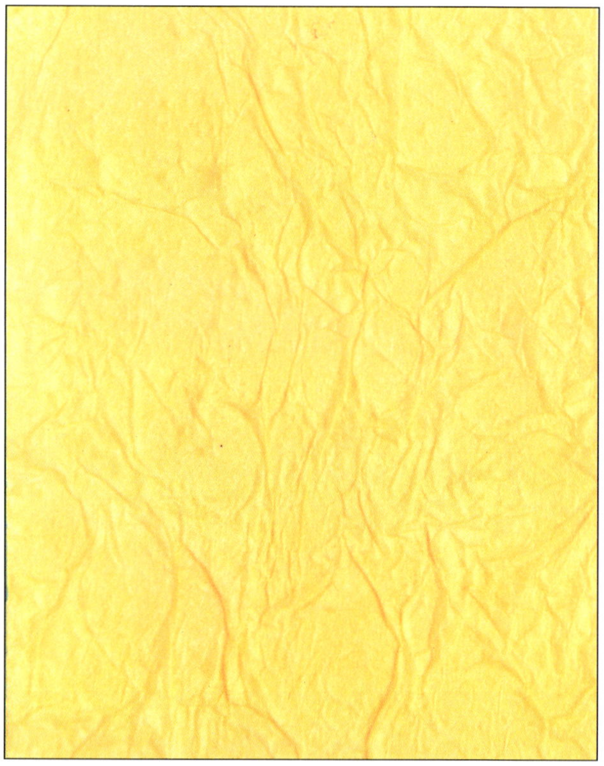

3 Sobre esta base pegamos otro papel arrugado de diferente color. Repetimos la operación hasta conseguir el dibujo que queremos.

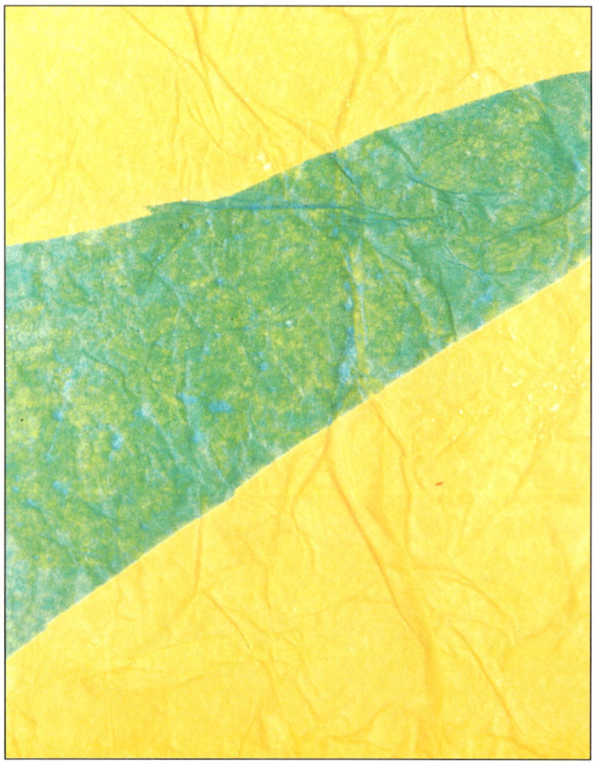

4 Una vez seco el papel, pintamos por encima con creyones de distintos colores. Se marcan las arrugas.

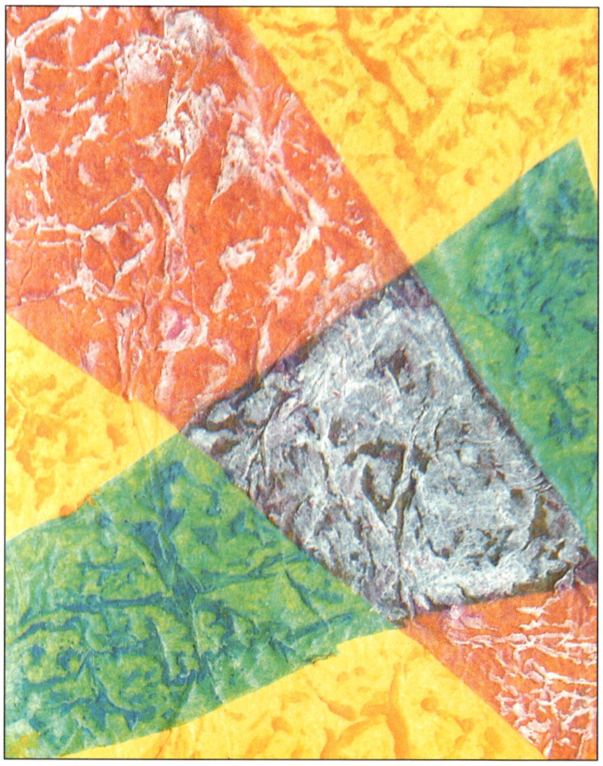

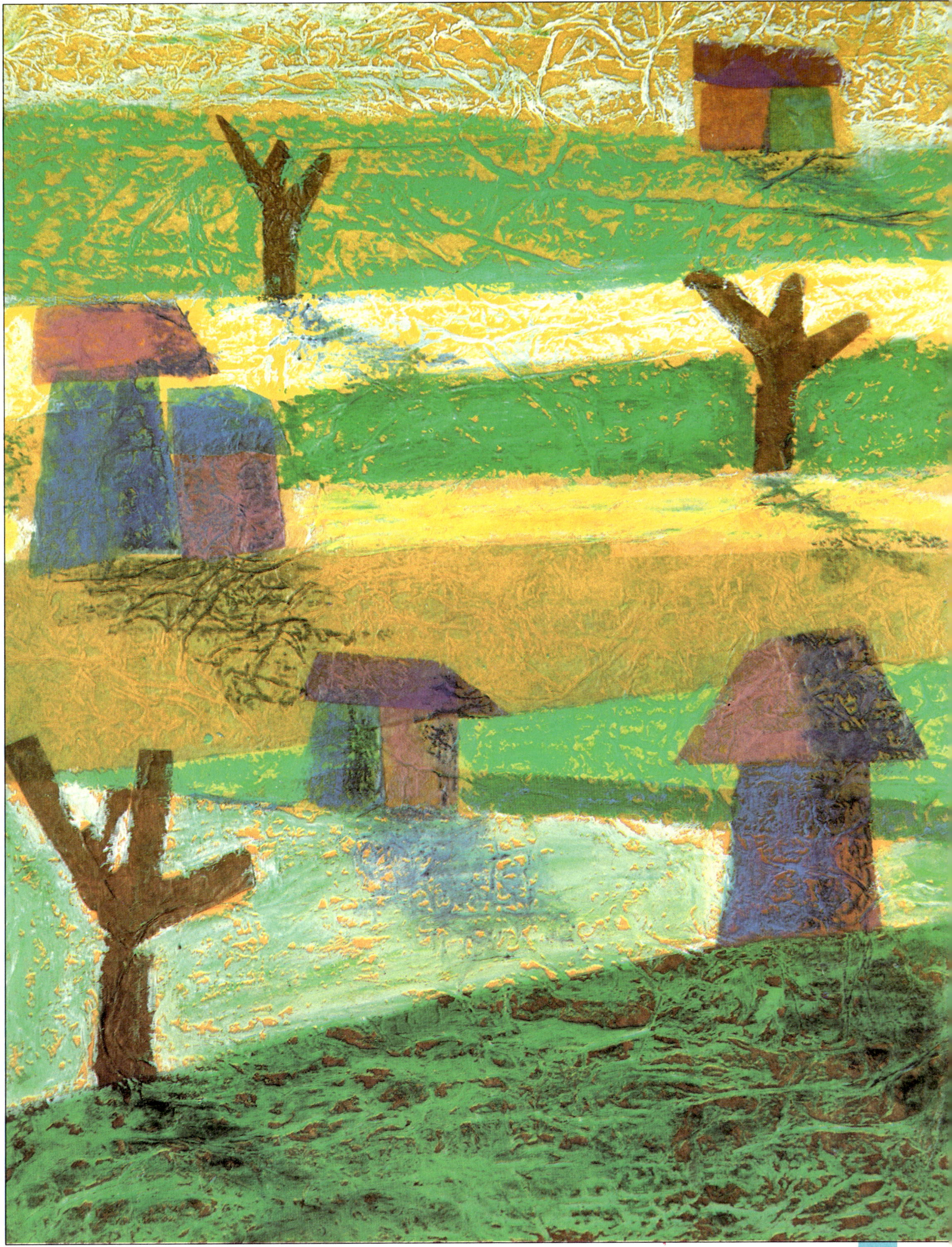

5

Siguiendo los pasos anteriores hemos realizado este paisaje.

COLLAGE DE CREYONES Y NOGALINA

La nogalina sirve para teñir madera. Si juntamos los creyones con la nogalina obtenemos una textura muy especial. Se necesita la supervisión de un adulto.

1

Pintamos un fondo con creyones, sin llenarlo completamente.

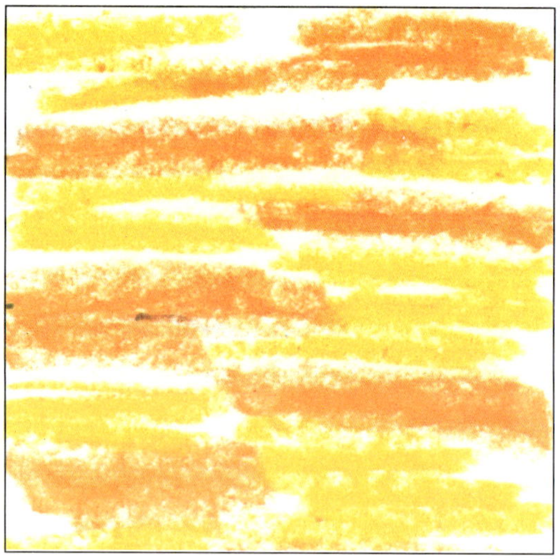

2

Pasamos un pincel con nogalina por encima.

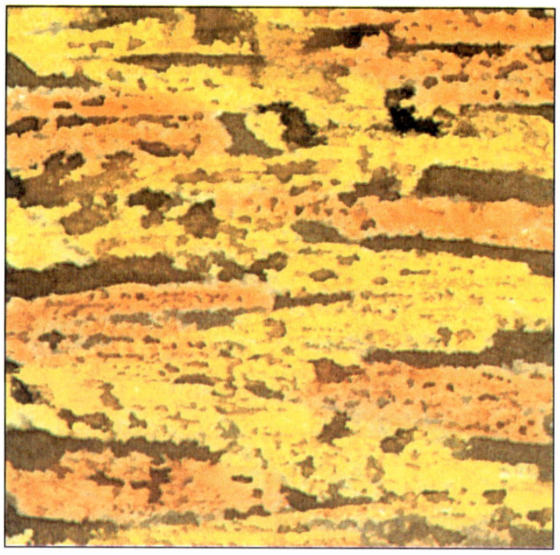

3

Realizamos muestras de distintos colores y las recortamos.

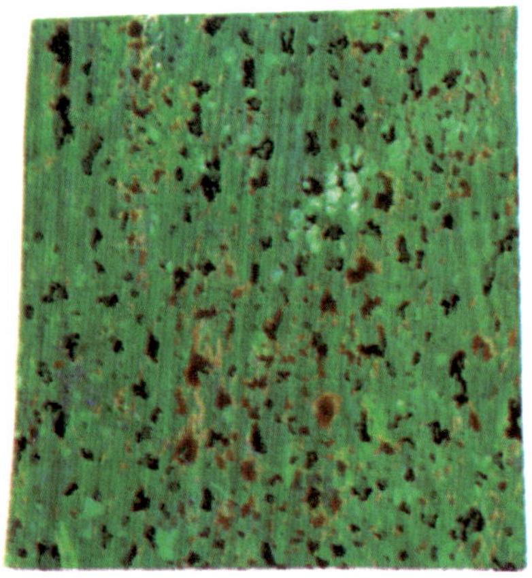

Un cuadrado de selva.

Un cielo azul.

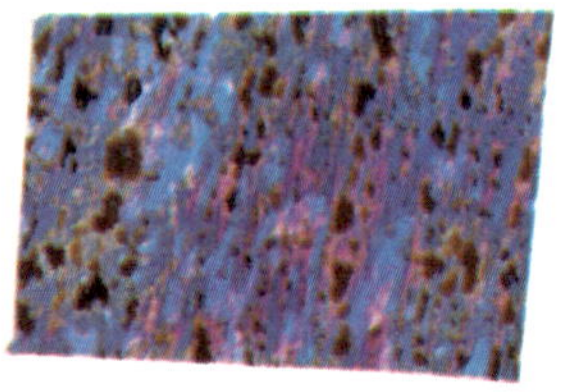

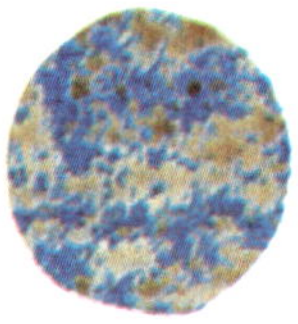

Un círculo pequeño.

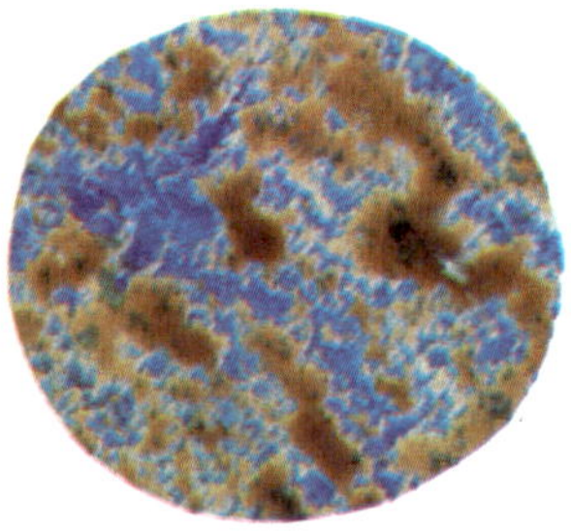

Un planeta.

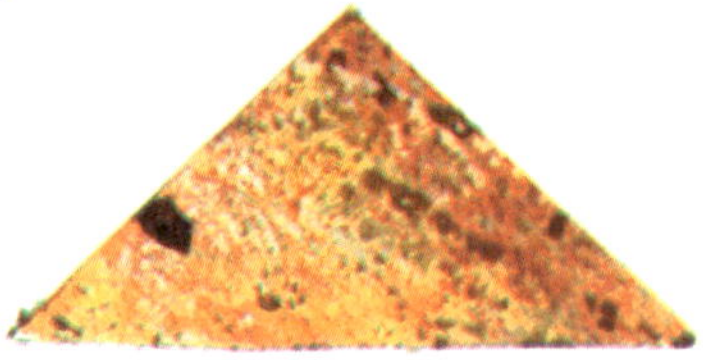

Un triángulo de fuego.

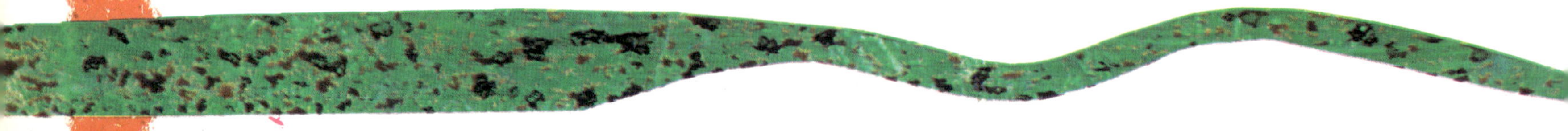

Una serpiente.

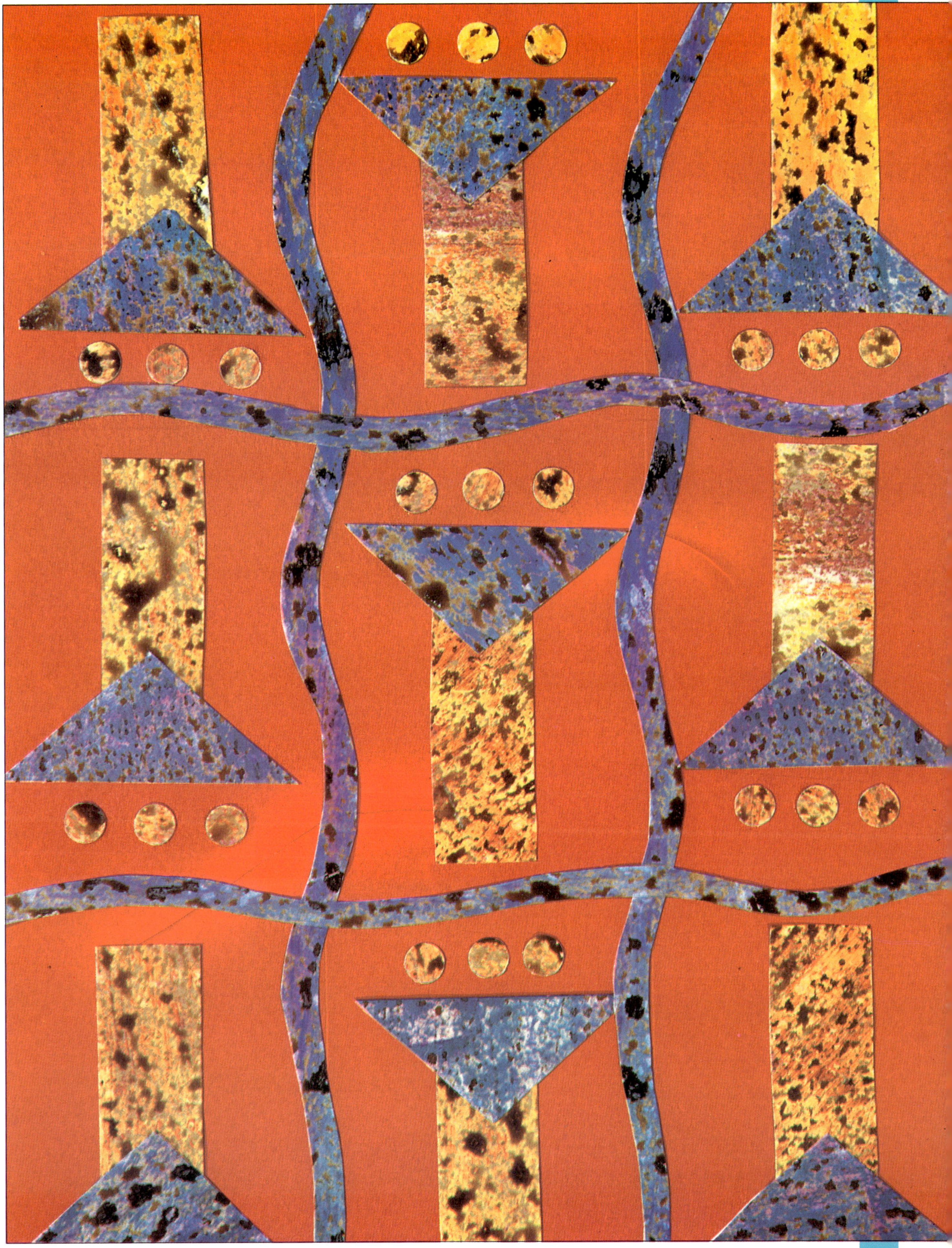

4

Hemos escogido algunas muestras y con ellas hemos realizado esta composición.*

Si ponemos una capa de tempera encima de los creyones y raspamos sale el color del fondo.

1 Ponemos un fondo de ceras.

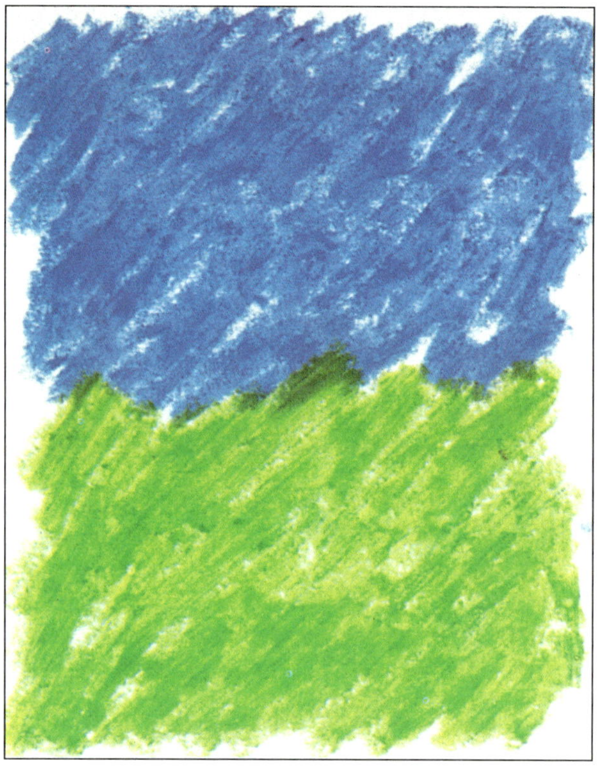

2 Lo tapamos con una capa espesa de tempera.

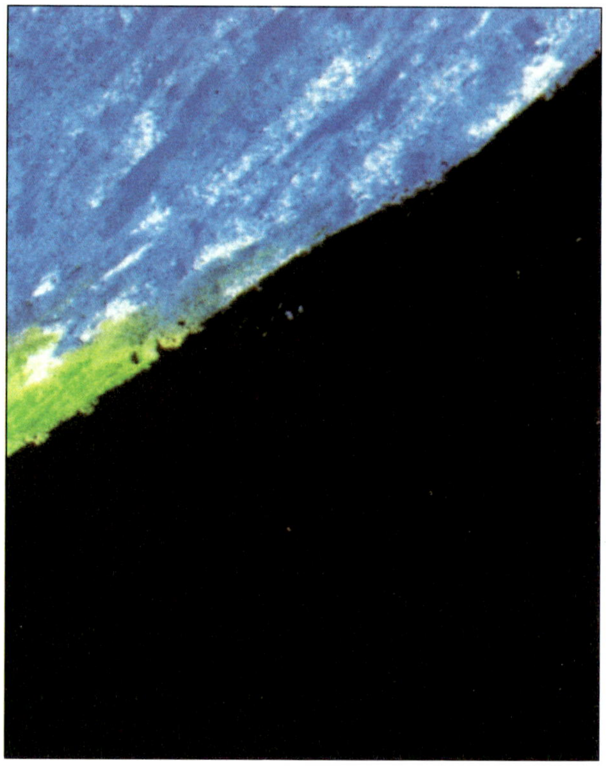

3 Lo raspamos todo menos el trozo que queremos que nos quede marcado.

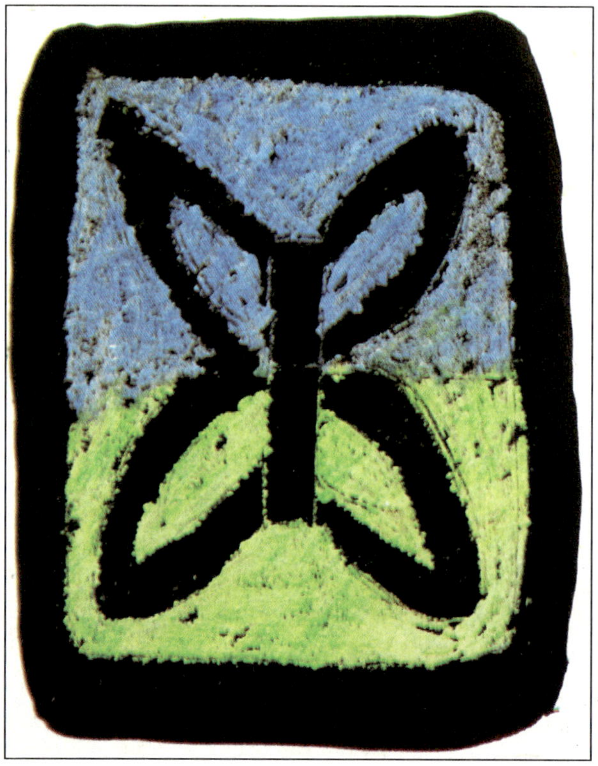

4 Finalmente podemos ponerle otros colores encima con tempera. Nosotros hemos puesto blanco.

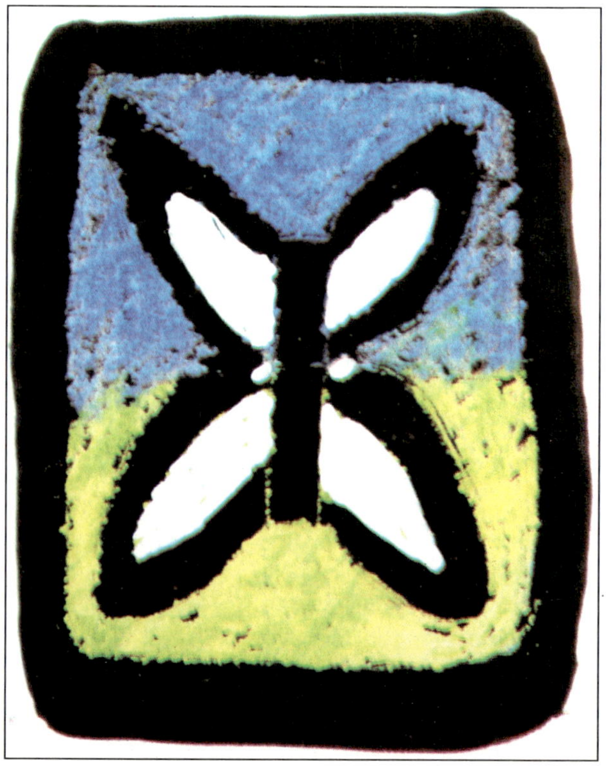

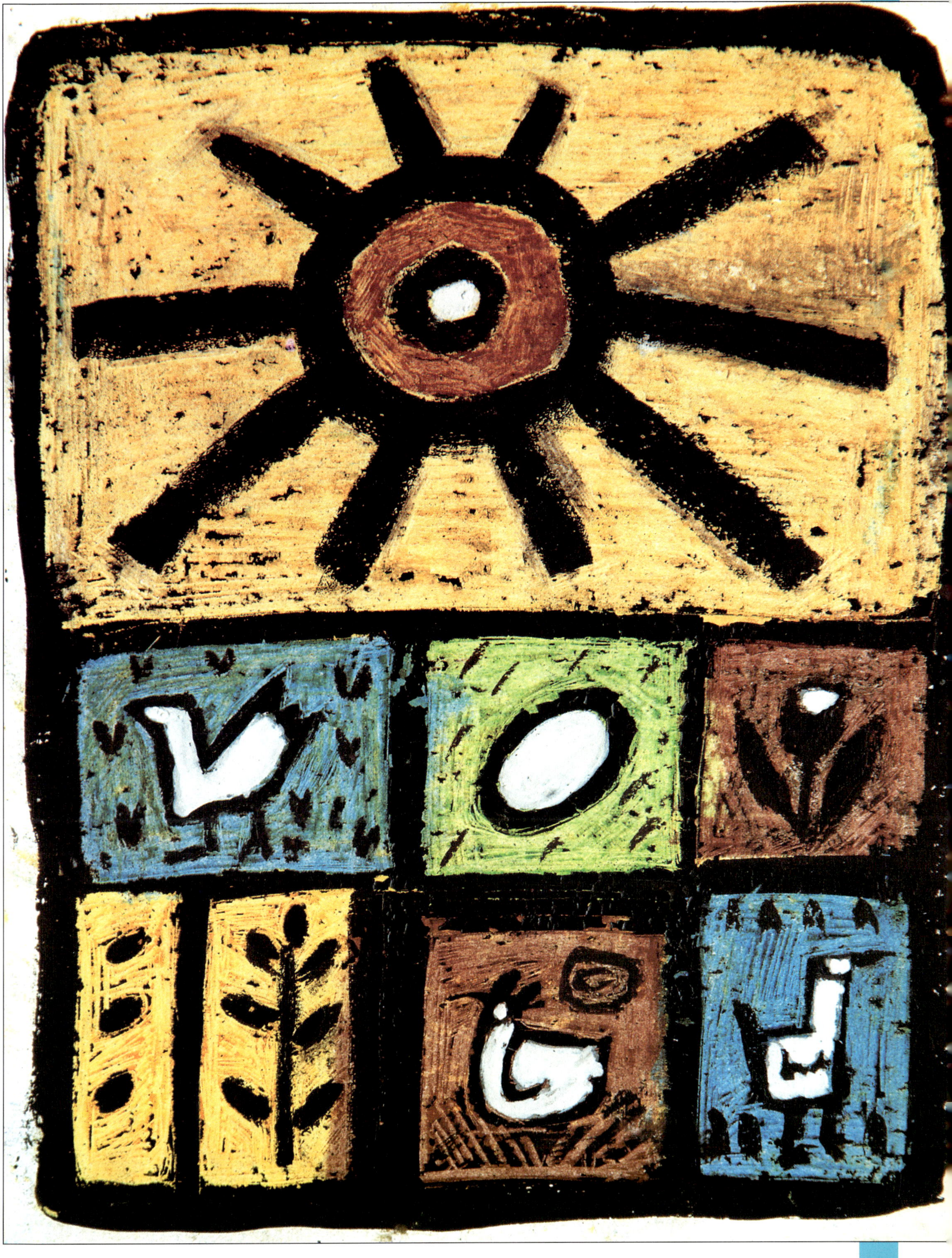

5

¿Te has fijado? Parece antiguo.

GLOSARIO

* **Composición:** De varias cosas formar una, colocándolas con un cierto criterio y orden.

* **Disolver:** Deshacer con un líquido.

* **Estampar:** Señalar formas repetidas sobre una superficie.

* **Repeler:** Que no dejan pasar. Que escupen.

* **Ritmo:** Forma que se va repitiendo siempre, o de vez en cuando, de la misma manera.

* **Rugoso:** Que tiene arrugas. Que no es liso. Que forma bultos y hoyos.

* **Técnica:** Manera como se hace una cosa.

* **Textura:** Forma o acabado que tiene una superficie. También tiene que ver con el tacto. Puede ser: rugosa, lisa, áspera...

* **Transparencia:** Que queda transparente. Que deja ver el color de debajo.